KONZERTHÄUSER

Mannheim, Rosengarten, Mozartportal

KONZERTHÄUSER

Idee und Herausgeber *Idea and Editor*
m:con – mannheim:congress GmbH
MICHEL MAUGÉ

Photographie und Konzeption *Photography and Concept*
MANFRED HAMM

Text *Text*
MICHAEL ASTROH

Gestaltung *Layout*
DIETER WINZENS

m:con EDITION

Liebe Freundinnen und Freunde der m:con und des Mannheimer Rosengartens,

nach 23 Jahren verlasse ich unser Unternehmen. Es ist mir ein persönliches Anliegen, mich bei Ihnen, Ihren Unternehmen, Verbänden und Vereinen für die langjährige und treue Zusammenarbeit zu bedanken. Ein Großteil von Ihnen hat mich von Anfang an auf dem Weg zum Erfolg und auf dem Weg vom Konzerthaus zum international anerkannten Congress Center begleitet.
Nur mit Ihnen gemeinsam war dieser Weg möglich.

Als Dank für Ihre Treue und die wunderbare Zusammenarbeit darf ich Ihnen, gerade weil viele nur das Congress Center kennen, auch die andere noch sehr lebendige Seite des Rosengartens zeigen und Ihnen einen wunderschönen Photoband über die Konzerthäuser Europas überreichen. In einzigartiger Weise wird hier die Geschichte der Konzerthäuser Europas dokumentiert, analysiert und photographisch festgehalten. Es ist das bisher einzige Buch zu diesem Thema und entstand in Zusammenarbeit mit dem international bekannten Berliner Photographen Manfred Hamm und dem renommierten Philosophieprofessor Michael Astroh aus Greifswald/Delft, denen ich beiden auf das herzlichste für ihr Engagement danke. In über zwei Jahren Vorbereitung und auf Reisen ist es Manfred Hamm gelungen, die Atmosphäre, Geschichte und Kultur der Konzerthäuser photographisch einzufangen.

Ich hoffe, Sie werden viel Freude beim Betrachten der wunderbaren Bilder haben, und ich darf mich nochmals für viele Stunden, Tage, Wochen, Monate und Jahre der Zusammenarbeit bedanken, verbunden mit dem Wunsch, meinem Nachfolger ebenso viel Vertrauen zu schenken, wie mir entgegenbracht wurde, damit die m:con und der Rosengarten auch weiterhin blühen und gedeihen.

Ein herzliches Auf Wiedersehen

Ihr

Michel Maugé

Mannheim, Rosengarten, Beethovenportal

Das öffentliche Konzertwesen ist eine Errungenschaft des 18. Jahrhunderts, die sich in den bürgerlichen Gesellschaften des 19. Jahrhunderts, insbesondere in West- und Zentraleuropa, vollends entfalten konnte. Erhebliche Fortschritte in Wissenschaft und Technik eröffneten Musik und Architektur spätestens seit Beginn des 20. Jahrhunderts so weitreichende Gestaltungsmöglichkeiten, dass sich ihr Selbstverständnis von Grund auf wandelte. Bis heute ist dieser Innovationssprung aktuell geblieben.

Das vorliegende Buch widmet sich in diesem Horizont einer Thematik, die bislang eher selten Beachtung gefunden hat. Es rückt exemplarisch, im Medium der Photographie, die Orte und Räume in den Blick, in denen Musik als Kunst zur Geltung kommt. Der Konzertsaal ist noch stets das entscheidende Forum, auf dem sich Musik künstlerisch bewähren kann. Grundlegende technologische Innovationen in der Gestaltung, Reproduktion und Wandlung von Klängen können für das gemeinsame, umfassend körperliche Erlebnis musikalischer Kunst nur beschränkt Ersatz bieten. Das Konzerthaus, das als solches geplant und errichtet wird oder als Umgestaltung überkommener Architektur entsteht, ist kein bloßer Zweckbau. Als Organ zur Artikulation und Präsentation einer Kunstform stellt es selbst eine künstlerische Aufgabe dar. Ziel des vorliegenden Buches ist es mithin, eine reflektierte Sicht auf Konzertsaal und Konzerthaus zu eröffnen. Raum und Gebäude sollen darin so ruhig und bewegend anschaulich werden, wie es ihnen möglich ist, dem musikalischen Klang Gehör zu verschaffen. Eine Geschichte auch nur des europäischen Konzertwesens bis hin zu seiner zeitgenössischen Entwicklung wurde bislang allenfalls in Ansätzen erarbeitet. Auch eine Geschichte der Architektur für Musik wurde bislang nur in Teilen verfasst. Das vorliegende Buch kann für Aufgaben dieses Zuschnitts allenfalls Anregungen, in seinem Dokumentationsteil vielleicht Hinweise bieten. Es nähert sich seinem Gegenstand in einer vorrangig ästhetischen Perspektive. Es entwirft ein Bild von der baulichen Gestaltung musikalischer Räume. Am Beispiel der Architektur von Konzerthäusern zeigt es so Möglichkeiten und Grenzen der Gestaltung auf, die sich für eine Kunst aus ihrem Verhältnis zu einer anderen ergeben. Ein integratives Kunstverständnis, dem der Pomp von Gesamtkunstwerken allerdings fremd ist, hat die Arbeit an diesem Buch wesentlich motiviert.

Einige wichtige Konzerthäuser Europas sind in diesem Buch nicht vertreten. Praktische, aber auch juristische und nicht zuletzt bautechnische Gründe sind für diese Lücken verantwortlich. Probenpläne und Renovierungen richten sich nicht nach den Wünschen und Möglichkeiten eines Photographen. Dass es dennoch gelingen konnte, ein reichhaltiges Bild der Architektur europäischer Konzerthäuser zu entwerfen, verdanken wir der nachhaltigen Unterstützung einer großen Anzahl von Personen und Institutionen. Ihre Namen sind gesondert am Ende dieses Buches aufgeführt.

Public concert life was a product of the 18th century, which then blossomed in the bourgeois societies of the 19th century, above all in western and central Europe. By the early 20th century, significant scientific and technical progress was opening up such far-reaching possibilities for composition and design that the way musicians and architects understood their art was radically transformed. Even today, that surge of innovation has retained its impact.

This is the perspective from which our book regards a topic which has so far been relatively neglected. Using selected examples, the medium of photography gives visual expression to the places and rooms in which music is enacted as art. Fundamental technological innovations in the production, reproduction and transformation of sounds are no substitute for the communal, comprehensively physical experiencing of the art of musical. A concert hall, whether designed and constructed as such, or a redevelopment of already existing architecture, is not a purely functional building. A site for the articulation and presentation of an art form, it has its own artistic purpose. Our book is thus intended to encourage a reflective view of concert halls and concert houses. The aim is to present peacefully and movingly the room and the building which are able to bring musical sounds to life.

So far attempts to cover the history of even European concert life up its present developments have remained at best rudimentary. Also, only parts of the history of musical architecture have been written. The present book can at most offer impulses for tasks of this nature, with perhaps some useful information in the documentation. It approaches its subject from a primarily aesthetic perspective, providing a view of the architectonic design of spaces for music. Using the architecture of concert houses as an example, it thus illustrates the possibilities and limits of design resulting from the relationship of one art to another. An integrative understanding of art, which has nothing to do with the pomp of the »Gesamtkunstwerk«, was an important motivation for undertaking this task.

Some of Europe's important concert halls are not represented in this book. These gaps are due to practical but also to legal and, not least, constructional considerations. Rehearsals and renovation work cannot be planned to fit in with the wishes and availability of the photographer. That we have nevertheless managed to produce an extensive view of the architecture of European concert halls is thanks to the long-term support of a large number of individuals and institutions. Their names are listed separately at the end of the book.

Michael Astroh, Manfred Hamm
Greifswald und Berlin, Frühjahr 2012

Räume der Musik

Michael Astroh

We lay there without moving. But under us all moved, and moved us, gently, up and down, and from side to side.

Samuel Beckett, *Krapp's Last Tape*

Architektur besteht in der Gestaltung, Trennung und Verbindung von Orten. Räume, die so miteinander entstehen, artikulieren Ordnungen gemeinschaftlicher Lebensweisen. Musik erfüllt solche Räume, sei es im Freien, sei es in Gebäuden. Sie entsteht und erklingt eingebunden in eine bauliche Umgebung. Einerseits trägt jede Musik die räumliche Lebensordnung, in der sie entsteht, in sich. Andererseits öffnet und überwindet sie darin Grenzen. Das stößt nicht immer auf Beifall. Im Gegenteil. Ein hässlicher Anblick lässt sich oft leichter abwehren als Lärm oder vermeintlicher Missklang.

Architektur dient nicht allein dem Schutz vor unerwünschter oder gar schädlicher Erfahrung. Sie ermöglicht Erfahrungen eigener Art, fördert und differenziert, verlagert sie auch. Architektur trägt zur räumlichen Erscheinung eines kulturellen Lebens bei, das sich als Austausch von Zeichen, von Gütern und Leistungen vollzieht. Sie prägt die Orte, an denen Menschen in diesem Sinne tätig werden oder zur Ruhe kommen. Sie gibt vor, in welchen Abstufungen diese Orte öffentliche oder private Räume sind, es sein können. Sie legt Übergänge fest. Sie legt nahe, welche Orte auf welchen Wegen erreichbar oder unzugänglich sind, welche Räume man nicht betreten, nicht verlassen kann.

Musik besteht in der Gestaltung eines klanglichen Ausdrucks, an dem eine Gemeinschaft Anteil nimmt. Musik versetzt vielfältig in Bewegung. Sie gehört zum Tanz, zur Unterhaltung. Politische, religiöse, gesellschaftliche Rituale setzen auf ihre Wirkung. Film und Schauspiel schließen sie ein. Musik schafft und fördert Stimmungen. In Kaufhäusern, an Bahnhöfen, in Hotels und Krankenhäusern kommt sie gezielt zum Einsatz. Nicht alle Orte in der Landschaft und Welt einer Kultur sind gleichermaßen für Musik oder besondere Arten von Musik geeignet, und nicht überall ist sie erlaubt. Die Art, in der Musik Erleben und Verhalten prägt, entscheidet darüber, in welchem Sinn sie auf Orte, an denen sie gespielt wird, bezogen ist.

Konzerthäuser verkörpern einen äußerst konzentrierten Bezug zwischen Architektur und Musik. Man baut sie, um in ihren Räumen Musik als solche aufzuführen. Sinn und Geschichte dieser Art von Gebäuden können deshalb nur dann umfassend verständlich sein, wenn die hierzu erforderlichen Begriffe eines ästhetischen Raumes, der Kunst, Wissenschaft und Lebenswelt hinreichend allgemein erörtert wurden.

Geschichtlichkeit

Die Orientierung des Menschen in Wahrnehmung und Bewegung ist natürlich bedingt. Seine Möglichkeiten, sich lebendig mit einer Welt wie der eigenen auseinanderzusetzen, werden allerdings in Gemeinschaft erworben und geschult. Wandel und Geschichte einer Kultur prägen deshalb, auf welche Art und in welchem Maße sie jeweils zur Verfügung stehen. Vor allem technische Neuerungen nehmen auf Erfahrung und Verhalten erheblichen Einfluss. Der alltägliche Umgang mit Klängen und Geräuschen ist hiervon nicht ausgenommen. Durch die Erfindung von Taschenuhren hat der Glockenschlag der Turmuhren einiges an Sinn eingebüßt. Die Verbreitung von Mobiltelefonen schürt den Wunsch nach stillen Zugabteilen. Ein tiefgreifender Wandel in der Kultur von Wahrnehmung und Bewegung vollzieht sich nach und nach, und zuweilen geschieht es so selbstverständlich, dass erst spät bewusst wird, wie nachhaltig er das Leben nunmehr prägt.

Dieser Mangel an deutlichen Zäsuren mahnt zur Vorsicht. Lebensformen entwickeln, verschränken, vermischen und trennen sich. Entsprechende Übergänge sind oft nur im Ansatz erkennbar. Klare Unterscheidungen erweisen sich als Ergebnis ihrer nachträglichen Beschreibung. In welchen Fällen lässt sich zum Beispiel zu Recht sagen, dass eine Gruppe Menschen einem Konzert beiwohnt? Vom Publikum, das im *Wiener Musikverein* eines der traditionellen Neujahrskonzerte besucht, wird man es wie selbstverständlich behaupten. Aber wird man das internationale Fernsehpublikum hinzurechnen? Ist eine Gruppe Menschen, die in einem dunklen Saal aus Lautsprechern in der Höhe eine elektronische Komposition hört, ein Konzertpublikum? Waren es jene Bürger, die im ausgehenden 18. Jahrhundert im *Neuen Leipziger Gewandhaus* symphonische Musik hörten, einander gegenüber saßen, plauderten, doch auch auf das Orchester achteten? Was ist ein Konzerthaus, wenn sich die Merkmale der zugehörigen Art von Musikaufführungen erst allmählich ausbilden und im Zuge technischer Innovationen vielleicht verloren gehen? So wandelbar wie diese Arten von Ereignissen und Gegenständen sind auch die Mittel ihrer Beschreibung. Wäre jener »Musick-Roome«, den der englische Musikschriftsteller Thomas Mace 1676 entwarf, heute als ein Konzertsaal zu bezeichnen? Häufig finden Konzerte in Räumlichkeiten statt, die auch Veranstaltungen anderer Art beherbergen. Solche Kultur- und Kongresszentren werden zumeist nicht als Konzerthäuser angesprochen, übernehmen allerdings deren Aufgaben.

Diese Schwierigkeiten verweisen offensichtlich auf Probleme, die in der Natur der Sache, doch auch in den Bedingungen ihrer Darstellung gründen. Einhellige Lösungen sind gewiss nicht in Aussicht. Denn es stehen geschichtliche Phänomene in Frage. Der Umgang mit ihnen erfordert wie alles Menschliche ein gewisses Maß an reflektierter Sensibilität.

Ein integratives Kunstverständnis

Musik und Architektur sind eigenständige Kunstformen, die Wahrnehmung und Bewegung unterschiedlich, doch auch gemeinsam ansprechen. Sie ergänzen einander. Im Konzertsaal treffen Musik und Architektur aufeinander. Sinn und Gehalt dieser unvermeidlichen Begegnung erfordern ein integratives Verständnis von Kunst. Seine Darlegung hat systematisch zu berücksichtigen, wie Kunstwerke und Kunstgattungen einerseits für sich genommen, andererseits aufeinander bezogen zur Geltung kommen.

Offensichtlich tritt Kunst ambivalent in Erscheinung. Denn sie hat an einer kulturellen Umgebung Anteil, in der sie für sich genommen auffällig wird. Wie alles Erfahrbare erscheinen Kunstwerke im artikulierten Raum öffentlicher Wahrnehmung und Bewegung. Wer sie darin aber nicht als Gegenstände eigenen Rechts erfasst, täuscht sich über die Art ihres ästhetischen Anspruchs. Je eigenständiger sie ihr Publikum ansprechen, desto entschiedener weisen sie über die Welt, in der es lebt, hinaus. Alltäglichen Erfahrungsräumen, in denen sie Geltung gewinnen, setzen sie eigene Erlebnissphären entgegen und binden ihre Umgebung in sie ein. So ermöglichen es Kunstwerke, in und doch auch jenseits der eigentlichen Lebensbewältigung an Welten teilzuhaben, in deren isolierter Erscheinung Grundzüge menschlicher Erfahrung als solche Ausdruck finden.

Die Möglichkeit, sich über den künstlerischen Anspruch solcher Werke zu täuschen, setzt jedoch voraus, dass sie auch als Teil einer alltäglichen Erfahrungswelt zur Geltung kommen. So, wie sie darin sich ästhetisch ansiedeln, besitzen sie, traditionell gesagt, auch dekorativen Wert. Durch die Art, in der sie in Erscheinung treten, fördern sie, selbst wenn sie verstören, die fassliche Gliederung und Gewichtung ihrer kulturellen Kontexte. Ihr integrativ ästhetischer Sinn ist der Gehalt dessen, was traditionell mit den vielfältigen Bestimmungen eines *decorum* angesprochen wurde. Durch die Art, in der Kunstwerke wertvoll erscheinen, tragen sie dazu bei, dass menschliche Lebensverhältnisse zumindest verbindlichen Ausdruck gewinnen können. Endgültige Verhältnisse werden sie deshalb nicht.

Gebäude zum Beispiel, die ihrerseits als Kunstwerke zählen, werden die Stadtlandschaft, in der sie auftreten, ansprechend mitgestalten, sie gliedern, oft markant, oft nur unaufdringlich Orientierung bieten. Künstlerische Architektur kann, ja muss im angesprochenen Sinne zugleich dekorativen Aufgaben dienen. Eine urbane Architektur wie Hendrik Berlages Börse in der Nähe des Amsterdamer Hauptbahnhofs wird der gebotenen Ambivalenz exemplarisch gerecht.

Auch Musik, die schon als solche hörenswert ist, kann innerhalb anderer, umfassender Kunstwerke eine konturierende Aufgabe übernehmen. In einem Film zum Beispiel kann ihr Klang in Form eines Zitats die Intensität des bildlichen Ablaufs steigern. In diesem Sinne greift Martin Scorsese in *Shutter Island* unter anderem auf Auszüge aus Werken von Giacinto Scelsi zurück. Auch dekorative Aufgaben lassen sich musikalisch gestalten. Erkennungsmelodien sind ein probates Mittel, um Zeitansagen, Rundfunk- oder Fernsehsendungen anzukündigen.

Die ästhetische Integration unterschiedlicher Künste ist keine lässliche Gestaltungsmöglichkeit. Denn Kunst entsteht und erhält sich nur in lebhafter Auseinandersetzung mit ihrer lebensweltlichen Grundlage. Diesem Erfordernis trägt insbesondere die Ästhetik von Konzerthäusern, von Veranstaltungsorten überhaupt Rechnung. Ihr kulturelles Phänomen und Möglichkeiten seiner Gestaltung sind erst in der Perspektive einer integrativen Kunstauffassung hinreichend bestimmbar.

Darstellung

Wie Musik und Architektur künstlerisch zusammenwirken können, ergibt sich aus der Art, in der sie einander als Künste ähnlich sind. Vor anderen Künsten zeichnet es sie gleichermaßen aus, dass sie sich kaum dazu eignen, etwas darzustellen.

Gebäude zitieren zwar oft andere Bauten, stellen, was sie durch signifikante Ähnlichkeit zitieren, jedoch nicht dar. So verweisen Werke von Inigo Jones vielfach auf Werke von Andrea Palladio, bilden sie allerdings nicht ab. Ein Konzerthaus hingegen, dessen Gestalt einer monumentalen Stradivari-Geige gleicht, könnte lächerlich wirken. Denn die symbolische Darstellung erwächst nicht aus der urbanen Anlage oder der ästhetischen Bestimmung des Gebäudes. Renzo Pianos entsprechender Entwurf für das *Auditorium delle Arti* von Bologna beschränkt sich deshalb auf eine Assoziation, die das Modell nicht erzwingt.

Musik mit dem Anspruch programmatischer Darstellung entwirft akustisch bewegte Bilder. Die Prägnanz und Dichte visueller Abbildungen fehlt ihr jedoch. Nur in Kenntnis der Überschriften, die Jan Ladislav Dusík den einzelnen Teilen seines Klavierwerks *The Sufferings of the Queen of France* voranstellte, wird es gelingen, die Komposition als eine Schilderung der Gefangenschaft und Hinrichtung von Marie Antoinette zu erleben. Im Untertitel des Werkes heißt es denn auch, es handle sich um ein Werk »expressing the feeling of the unfortunate Marie Antoinette during her imprisonment«.

Hörbilder beeindrucken bestenfalls durch ihre unmittelbare Lebhaftigkeit. Eine Partita von Johann Sebastian Bach, die man aktuell hört, ließe sich zwar als Darstellung auffassen, die zeigt, wie jemand Geige oder Cembalo spielt. Doch nur wer das Instrument selbst schon hinreichend beherrscht, könnte diesem akustischen Bild entnehmen, wie sich der Musiker im Spiel bewegt. Nur für wenige Laute und Geräusche gelingt es, Wahrnehmung und Bewegung so anschaulich koordiniert zu erleben, als beobachte man einen Gegenstand blindlings. Selten belauscht man etwas so gezielt, dass man sich entsprechend vorsätzlich dazu verhalten könnte. Erst im Anblick eines Körpers scheint diese Entsprechung gewährleistet zu sein.

Ein sichtbarer Gegenstand präsentiert sich in der Regel fasslich. Sieht man ihn, so weiß man, wie er sich handhaben lässt. Was man hört, zeigt die

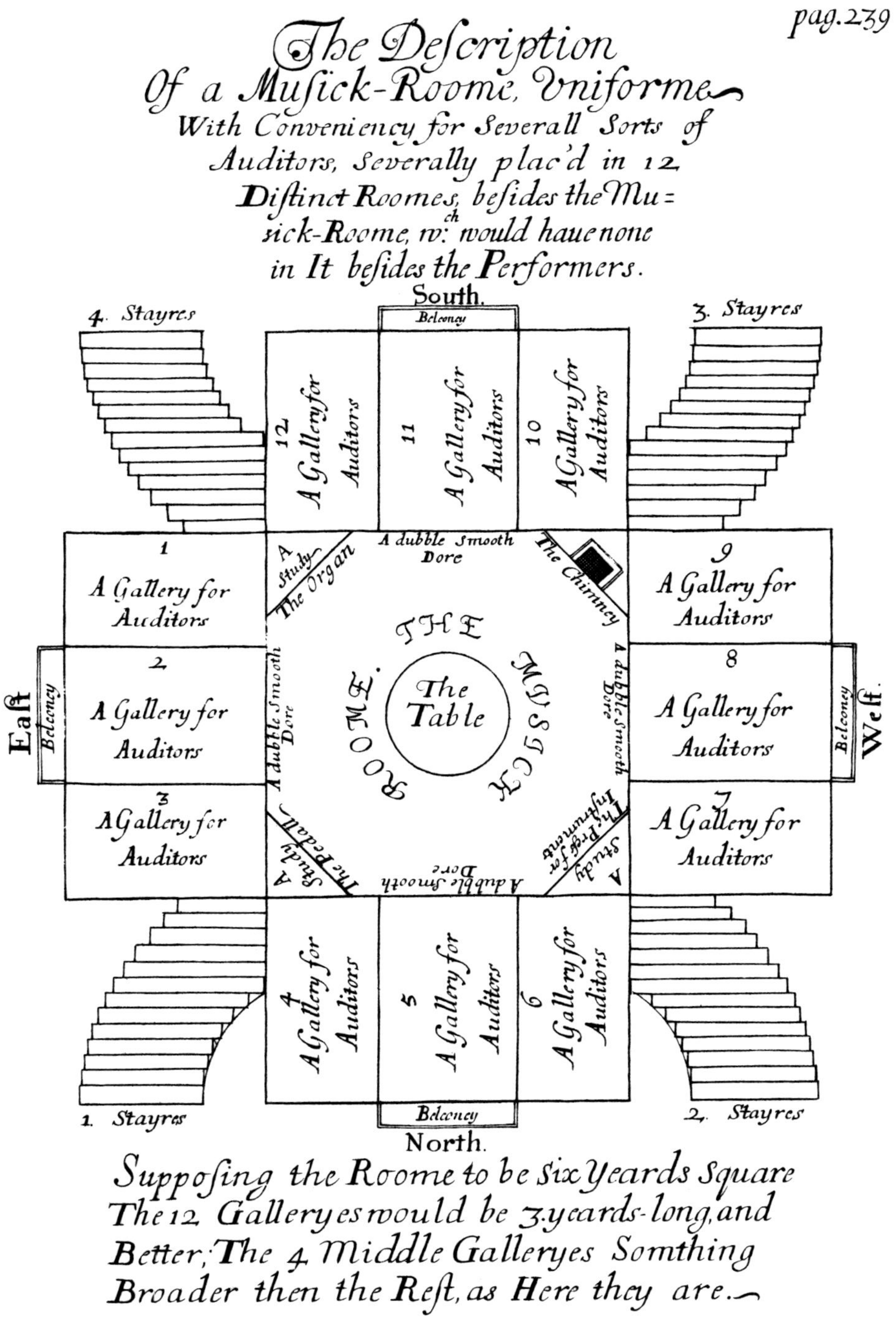

Thomas Mace: Musick's Monument. The Description of a Musick-Roome

Gegenwart eines Körpers durch stetige Veränderung an. Man hört ein Atmen und weiß schon genug. Die Gestalt, die sich so hörbar abzeichnet, hat ihren Ort und ihr Volumen, wird aber noch nicht als ein Körper fassbar, der dem eigenen Verhalten Grenzen setzte. Nur Blick und Berührung lassen Widerstände gelten. Erst in ihren Sphären können Zuwendung und Abkehr körperlich gelingen und scheitern.

Bewegung

Architektur und Musik ist Darstellung gleichermaßen unwesentlich, wenn nicht gar fremd. Allerdings ist ihnen beiden wie allen Künsten ein ausgezeichnetes Verhältnis zu körperlicher, gemeinsam wahrnehmbarer Bewegung und Ruhe wesentlich. Eine bauliche Umgebung artikuliert Möglichkeiten, in Abstimmung aufeinander Orte zu erreichen, zu verlassen, an ihnen zu bleiben. Musik gestaltet in erster Linie ausgewählte Klänge und Geräusche, somit spezifische Bereiche des Hörbaren. Was man hört, bringt aber vorrangig Bewegung in einer lebendigen Erfahrungswelt zum Ausdruck.

Ein lebloser Gegenstand, dem dennoch Geräusche entweichen, provoziert deshalb Erstaunen. In dem Film *2001: A Space Odyssey* suggeriert Stanley Kubrick, ein Quader aus schwarzem Material gäbe, ohne sich zu bewegen, *Lux Aeterna* von György Ligeti von sich. Die Farbgestalt der Stele und der Titel der Musik zeigen an, dass sich der Regisseur über die perzeptive Brisanz seines Motivs im Klaren war.

Architektur und Musik haben am Tanz gleichermaßen Anteil, einer Kunst, die eher dem beschwörenden, mimischen Ausdruck als der pantomimischen Darstellung Raum bietet; einer Kunst, in der die Schwelle zwischen Mitwirkung und Betrachtung niedrig ist und vorrangig die darin engagierte Gemeinschaft Träger des artikulierten Erlebens ist.

Weder Eigenschaften, die Musik und Architektur fehlen, noch solche, die sie mit anderen teilen, bestimmen schon hinreichend, wie sie sich zueinander verhalten. Was sie als Künste aneinander bindet, bleibt deshalb detaillierter zu erörtern.

Architektur und Musik erschließen sich nur unter der Voraussetzung einer ausgeprägten Wahrnehmung gemeinsamer körperlicher Bewegung. Ohne einen entwickelten Sinn für eigenen wie fremden Rhythmus werden sie nicht lebendig. Verteilung und Zeitmaß hörbarer wie auch sichtbarer Eindrücke sind beiderseits an einen Horizont gemeinschaftlicher Bewegung gebunden. Der einzelne Mensch ist in dem Maße als solcher daran beteiligt, wie er als Teil von Gemeinschaften gelernt hat, seine mehr oder weniger personale Individualität als solche gleichermaßen zu erleben und zu artikulieren.

Architektur und Musik sind Künste des bewegten Wandels. Sie rechnen mit körperlichen Möglichkeiten und Grenzen, diesen Wandel bleibend zu gestalten und gemeinschaftlich zu erleben. Andernfalls wäre es keine künstlerische Herausforderung, Architektur zu entwerfen, die einem avancierten Transportwesen, aber auch den unabweisbaren Bedürfnissen von Fußgängern gerecht wird. Andernfalls wäre es ästhetisch irrelevant, elektronische Musik zu komponieren, deren Gestaltung nicht berücksichtigen kann, wie sie sich spielen ließe.

Seit den Anfängen der elektronischen Musik wurde die ihr fehlende Aufführungspraxis als eine architektonische Aufgabe verstanden. Der Philips-Pavillon von Le Corbusier und Iannis Xenakis für die Brüsseler Weltausstellung von 1958 und das *Poème électronique* von Edgard Varèse aus demselben Jahr entstanden in enger Zusammenarbeit zwischen den Künstlern. Die Realisierung des Musikstücks in dem mit etwa 350 Lautsprechern bestückten Gebäude hatte denn auch eher den Charakter einer musikalischen Installation als den einer Aufführung im Konzertsaal.

Ausdruck

Kunstwerke müssen nichts darstellen, können allerdings nicht ohne Ausdruck sein. Wie sich Musik und Architektur künstlerisch zueinander verhalten, ergibt sich aus den Möglichkeiten ihres Ausdrucks. Wie er jeweils verbindlich wird, entscheidet darüber, inwiefern sie einander ergänzen oder beeinträchtigen können. Literatur, Film und bildende Kunst zeigen, dass Darstellung und Ausdruck miteinander vereinbar sind. Zwei Filme zum Beispiel können dieselbe Geschichte darstellen, sich in ihrem Ausdruck jedoch wesentlich unterscheiden. In dieser Möglichkeit liegt die künstlerische Herausforderung einer sogenannten Neuverfilmung. Musik und Architektur lassen hingegen erkennen, dass Ausdruck und Darstellung zumindest künstlerisch voneinander unabhängig sind.

Was ein Musikstück ausdrückt, ein Gebäude zum Ausdruck bringt, lässt sich selbst in inhaltlich hoch entwickelten Sprachen nur im Ansatz beschreiben; es sei denn, unter Ausdruck wird Ausdruck gut bekannter Gefühle verstanden. Mit einiger Geduld gelingt es indessen, Kunstwerke unterschiedlichster Gattungen so zu beschreiben, dass deutlich wird, was an ihnen für ihren eigentümlichen Ausdruck jeweils verantwortlich ist.

Diese sprachliche und doch auch intellektuelle Schwierigkeit macht es umso dringlicher, allgemein zu erörtern, worin Ausdruck überhaupt besteht. Eine angemessene Bestimmung künstlerischen Ausdrucks lässt sich aus der Einsicht entwickeln, dass alle Kunst die wechselseitige Wahrnehmung von Bewegung voraussetzt. Unter Ausdruck in einem ersten grundlegenden Sinn kann all das an einer gemeinsamen körperlichen Bewegung verstanden werden, was es den Beteiligten erlaubt, sie als solche wahrzunehmen. Ausdruck ist in diesem Sinne nichts anderes als die Möglichkeit, so miteinander umzugehen, dass dieser Umgang in der Art, wie er geschieht, sich fortsetzen oder enden oder erneut beginnen kann.

Gruß und Tanz illustrieren dieses Verständnis von Ausdruck recht deutlich. Alle Arten von Wettbewerb und Zusammenarbeit sind gleichermaßen auf verlässliche Ausdrucksformen angewiesen. Sprachliche wie auch bildliche Darstellungsweisen sind daher nicht ohne sie möglich und bleiben auch in ihrer fortschreitenden Gestaltung auf sie angewiesen.

Darstellung und Ausdruck sind gleichermaßen Aspekte vorsätzlicher Orientierung. Sie bedingen einander. Es kann nicht gelingen, etwas für wahr zu halten, wenn sich nicht auch zeigt, inwiefern es zählt. Umgekehrt erübrigt sich jedes artikulierte Engagement ohne auch nur vermeintliches Wissen. Dieser Gegensatz bestimmt den Horizont, in dem Kunst und Wissenschaft ihre Aufgaben finden. Sie verkörpern Grenzen menschlichen Erlebens und Handelns.

Darstellung führt zur Konfrontation mit Weltverhältnissen. Sie entscheiden, welchen informativen Wert ihre Darstellung jeweils besitzt. Ausdruck führt zur Partizipation an einem sozialen Geschehen, das sich in körperlicher Bewegung und Wahrnehmung als gemeinsames Erleben verwirklicht. Der Wert gültigen Ausdrucks liegt nicht in der korrekten Wiedergabe von Weltverhältnissen, vielmehr in einem angemessenen Beitrag zu ihrer sozialen Gestaltung. Darstellung dient wesentlich der Erkenntnis, Ausdruck der Lebensart.

Künstlerischer Ausdruck

Künstlerischer Ausdruck kann sehr umfassend als Gestaltung rein lebensweltlichen Ausdrucks bestimmt werden. Gemeinschaftliches Leben erschöpft sich nicht in seinem Vollzug. Die reichhaltigen Formen, die es zum Ausdruck bringen, sind ihm selbst unterworfen, wandeln und entwickeln sich darin bis hin zu vorsätzlicher Gestaltung. Werte, die in der Gegenwart eines gemeinsamen Lebens für dessen Vollzug zählen, artikulieren sich darin auf unterschiedliche Arten und werden dennoch gemeinschaftlich erlebt. Das Kleidungswesen einer Kultur, ihre Gebräuche und Moden veranschaulichen für divergente gesellschaftliche Positionen und Anlässe, wie facettenreich sich das wechselseitige Erlebnis steigern lässt, je für sich an demselben gesellschaftlichen Leben teilzuhaben. Einschluss in und Ausschluss von einzelnen Bereichen einer sozialen Welt nehmen darin ästhetisch Gestalt an. Man setzt sich je nach Stellung und Aufgabe zueinander ins Verhältnis, zeigt es, doch erörtert es nicht.

Künstlerischer Ausdruck im prägnanten Sinne führt über die Gestaltung gemeinsamer Lebensweisen hinaus. Ästhetische Präsenz und ihre Wahrnehmung als solche sind eine Wirkung von Kunst. Sie zählt öffentlich. Ihr Wert erschöpft sich allerdings nicht in den kulturellen Ereignissen, die sie zu prägen vermag. Kunst ist gegenständlich verfasst. Werke der Kunst sind Gegenstände, die vorrangig um ihres Ausdrucks willen erzeugt und öffentlich zur Kenntnis genommen werden. Als Muster oder Medien zur Herstellung und Wiederholung kultureller Ereignisse sind sie allenfalls mittelbar relevant. Ein Werk der Musik wie Anton von Weberns *6 Stücke für Orchester, op. 6*, oder Werke der Malerei wie *La Danse* (1909) oder *La Musique* (1910) von Henri Matisse werden vorrangig als solche, um ihrer selbst willen, zur Kenntnis genommen. Sie zählen für sich. Im Unterschied zu Moden und Dekorationen sind sie vorrangig Gegenstände, nicht Mittel und Medien ästhetischer Orientierung. Nur in dem Maße, wie sie selbst zur Geltung kommen, gelingt es, sie angemessen zu identifizieren.

Manche Sänger und einige Violinvirtuosen propagieren für sogenannte klassische Musik populär ansprechende Konzertformen und missachten die Identität der aufgeführten Werke. Es überrascht, wie sehr die Ideologie ihrer Praxis einem objektiven Kunstverständnis beipflichtet. Denn für gewöhnlich rechtfertigen diese Solisten ihr Vorgehen als eine Art Ausgleich. Die Befriedigung emotionaler Bedürfnisse, auch die Erfüllung didaktischer Pflichten solle, wie es dann heißt, einen gewiss nicht bestrittenen Mangel an künstlerischer Konzentration erfordern. Gerade dort, wo das Konzertwesen künstlerische Ansprüche herabsetzt, neigt es anscheinend dazu, ihre grundlegende Geltung zu betonen.

Gesellschaftlichkeit

Erkenntnis und technische Verfügbarkeit von Gegenständen werden durch ihre verlässliche Darstellung gewonnen. Im erfahrenen Wechsel zwischen Gegenstand und Darstellung bilden sich Formen gemeinsamer Wahrnehmung und Betrachtung aus, die zu angemessener Beurteilung führen. Aller Wettstreit im Erwerb von Wissen und Herrschaft ist an öffentliche Darstellungsmedien gebunden. Sie ermöglichen es den Beteiligten, sich mit gemeinsamen Lebensverhältnissen solidarisch oder rivalisierend auseinanderzusetzen.

Werke der Kunst werden indes nur mittelbar als Erkenntnisobjekte oder als Besitz relevant. Kunst erörtert nicht, was wirklich der Fall sei und wie es vermeintlich ist. Insbesondere erklärt sie nicht, weshalb es ist, wie es ist. Werke der Kunst beanspruchen zumindest nicht vorrangig, Wirkliches darzustellen. In erster Linie verkörpern sie Ausdrucksverhältnisse. Sie werden mithin als Beiträge zum Erleben von Gemeinschaft und Gesellschaftlichkeit maßgeblich. Sie zählen als Formen gültiger Partizipation, nicht als Formen berechtigter Konfrontation mit Gegenständen einer bestimmten Art.

Teilhabe an einem sozialen Leben ist eine wesentliche Voraussetzung aller Selbsterfahrung und Selbstgestaltung. Individuen und Gruppen gewinnen, erhalten und verlieren ihre Existenz in einer gemeinsamen Welt, die als solche nur beiläufig Beachtung findet, doch in alle Bereiche des Privaten und Intimen hinein für sie prägend bleibt. Alle kulturell wesentlichen Kompetenzen, gezielt, vor allem kommunikativ zu handeln, bilden sich vor diesem allgemein verbindlichen, anonymen Hintergrund aus. Wie sie maßgeblich werden, nicht zuletzt in der öffentlichen Erfahrung von Musik, ist von dieser elementaren Voraussetzung durchaus abhängig. Wechselseitiger Umgang, in dem die Beteiligten nicht nur miteinander tätig sind, sondern auch zeigen, dass und wie es geschieht, setzt sich nicht aus eigenständigen Initiativen, Reaktionen und Gegenreaktionen zusammen. Wechselseitiges Handeln vollzieht sich in übergreifenden Formen gemeinsamer, allerdings unterschiedlich akzentuierter Bewegung und Wahrnehmung. Sie erfordern nuancierte, kulturspezifische Ausdrucksmöglichkeiten, deren wechselseitige Abstimmung hinreichend stetig gelingt.

Die Musiker zum Beispiel, die ein Konzert geben, und das Publikum, das ihnen zuhört, beteiligen sich mit unterschiedlichem Einsatz an einem Prozess, der unabhängig von ihrer unterschiedlich artikulierten Anteilnahme nicht bestehen kann. Die Aufführung der Musik an dafür vorgesehenen Orten, zu einer vorgegebenen Zeit, die wechselseitige Begrüßung durch Applaus und Verbeugung, die stille Wahrnehmung des Konzerts, die Aufführung der Werke – jedes Moment und Stadium des Geschehens hat seinen Ausdruck und zählt so, wie es sich dem lebendigen Ganzen einfügt und darin seinerseits Ausdrucksweisen vorprägt.

Im Ganzen handelt es sich um kulturelle Leistungen, die sich Personen und Gruppen von Personen zwar zuschreiben lassen, die als Wirkungen ihrer Initiativen gelten mögen, deren besonderer Wert jedoch nur unter der Voraussetzung ihrer je schon gemeinsamen, unterschiedlich akzentuierten, doch kohärent artikulierten Tätigkeit vorhanden ist. Unabhängig von dieser Voraussetzung könnte niemand, der sich an einem sozialen Prozess beteiligt, darin versagen. Jeder, der einer Gemeinschaft zugehört, muss ihre Lebensart teilen.

Wie andere Kommunikationsformen ist die öffentliche Produktion, Präsentation und Rezeption von Kunst auf eine sehr umfassende Differenzierung gemeinsamer, im Besonderen wechselseitiger Umgangsweisen angewiesen. Politische Willensbildung, religiöse Feiern, wissenschaftliche oder juristische Urteilsfindung illustrieren ihrerseits, wie sich soziale Prozesse ästhetisch organisieren, Medien und Mittel wechselseitigen Ausdrucks einsetzen oder gar schaffen, die sich dem fortschreitenden Wandel ihrer Zielsetzungen anpassen können.

Lebenswelt

Was Menschen äußerlich zugänglich, partiell verfügbar wird, tritt so in Erscheinung, wie seine Umgebung es hier und jetzt zulässt. Es erschöpft sich darin allerdings nicht, lässt sich darauf weder beschränken noch zurückführen. Gegenstände erscheinen nicht als bloße Wirkung ihrer Verhältnisse. Sie wären als solche gar nicht erfahrbar. Ein Vogel, der vorüberfliegt, erscheint in jedem Moment seines Flugs zwar so, wie es den Lichtverhältnissen im Blick des Betrachters entspricht. In all diesen Wandlungen wahrt er jedoch die ihm eigene Gestalt. In einer fließenden Ordnung von Übergängen kommt sie als solche zur Geltung.

Gegenstände äußerer Erfahrung werden in den Räumen ihrer sich stetig wandelnden Erscheinung maßgeblich. Einerseits sind sie selbst, andererseits sind ihre Umgebungen für ihre Erscheinung verantwortlich. Wie ein Vogel, der vorüberfliegt, denen, die es wahrnehmen, erscheint, ergibt sich demnach aufgrund einer umfassenden Konstellation. Zumindest das Tier, die Landschaft, durch die es fliegt, die Menschen, die es unter Umständen gemeinsam erfassen und würdigen, sind an Art und Grenzen seiner mehr oder weniger gültigen Erscheinung beteiligt. So gibt es Orte, an denen besonders eindrücklich zu beobachten ist, wie Vögel vorüberfliegen, aber auch Personen, die es ausgezeichnet zu beobachten wissen, aber auch Vögel, deren Art zu fliegen sie besonders einprägsam zur Geltung bringt.

Je nach der Art, in der Gegenstände erscheinen und in einer Lebenswelt zählen, sind sie ästhetisch relevant. Ein Bergsteiger unterwegs nimmt Vögel, auch wenn es dieselben sind, anders wahr als ein Mann in einem Boot. Die Hinsichten, in denen sie schätzen, was sie jeweils sehen und hören, unterscheiden sich. Ihre unterschiedliche Wertschätzung liegt nicht in einer divergenten Beurteilung, vielmehr in dem, was ihnen ansprechend, störend, faszinierend oder auf andere Art mehr oder auch weniger geschmackvoll erscheint und so im weiteren Lebensvollzug zählt. Der ästhetische Wert dieser Wahrnehmungsobjekte liegt in dem, was ihre Erscheinung jeweils zum Ausdruck bringt.

In der Erfahrung eines wissenschaftlichen Beobachters zählt, was er wahrnimmt, um möglicher Erkenntnisse willen. In der Erfahrung von Kunst zählt Wahrgenommenes so, wie es als es selbst erscheint und als solches Ausdruck besitzt und sich durch die Art seines Ausdrucks dem fortschreitenden Lebensvollzug widersetzt. Wissenschaft misstraut den Erscheinungen. Sie ist systematisch zu ermitteln bestrebt, was sich in ihnen wirklich, als Bestandteil einer äußeren oder einer inneren Realität darstellt. Kunst hingegen lässt Erscheinungen als solche gelten. Sie gestaltet sie. Kunstwerke sind ästhetische Gegenstände. Sie werden in technischer Auseinandersetzung mit einer äußeren Erfahrungswelt erzeugt, um durch die Art, in der sie artikuliert in Erscheinung treten, für sich genommen relevant zu werden.

Ihr künstlerischer Wert liegt weder in ihrem Material noch in ihrer kunstfertigen Herstellung noch auch in dem, was sie vielleicht darstellen oder verkörpern. Er liegt in der Art ihrer Erscheinung, in der Art, in der sie etwas zum Ausdruck bringen. Ihre übrigen Qualitäten zählen nur in dem Maße, in dem sie ihren ästhetischen Wert, mithin ihre Erscheinungsart bedingen.

Die wenigsten ästhetisch relevanten Objekte sind Kunstwerke. Die meisten Alltagsgegenstände zählen durch die Art ihrer Erscheinung. Sie werden als Beiträge zu einem gemeinschaftlichen Lebensvollzug relevant. Ästhetischer Eigenwert fehlt ihnen. Kleidung zum Beispiel, die Einrichtungen einer Wohnung, aber auch Werkzeuge und Medien prägen durch die Art ihrer Erscheinung, wie man sich ihrer bedient und in dieser Mittelbarkeit gemeinsam lebt. So bilden sich ästhetische Lebensformen, die in ihrer bewegten Erscheinung zeigen, wie und in welchem Maße die Welt, an der man Anteil hat, lebenswert ist, wie darin Ereignisse, Orte und Personen mehr oder weniger wertvoll erlebt werden. In dem Maße, wie man das Leben liebt, wird man es zu schmücken versuchen, und nur in dem Maße, wie dies gelingen kann, ist die Welt, in der man zu leben liebt, ihrerseits lebenswert, ein Kosmos, eine schöne Ordnung.

Es zeichnet sich mithin ab, dass die grundlegende Unterscheidung zwischen Ausdruck und Darstellung es nicht nur erlaubt, wissenschaftliche und künstlerische Leistungen einander entgegenzusetzen. Sie ermöglicht es zu erörtern, was Lebenswelt ausmacht. Es ist jener Erfahrungsbereich, in dem sich Wahrnehmungsobjekte einerseits in einem vorläufigen, nicht schon methodisch reflektierten Sinn darstellen, andererseits so, wie sie in Erscheinung treten, für eine Gemeinschaft zählen.

In dem Maße, in dem der Ausdruckscharakter lebensweltlich erfahrener Objekte überhandnimmt, verliert sich im Erleben der Beteiligten ihre gegenständliche Fasslichkeit, prägen sie zwar das körperlich bewegte Erleben, werden darin aber, wenn überhaupt, so nur in Spuren und Andeutungen anschaulich. Je stärker sich ein menschliches Bedürfnis nach Gemeinschaft im Erleben der Beteiligten erfüllt, desto entschiedener verlieren sie darin auch füreinander ihre gegenständliche Erscheinung als Personen. Begeisterung, selbstvergessene Anteilnahme, Unterhaltung und auch Sport sind deutliche Beispiele dieser elementaren Tendenz, der das Erlebnis von Kunst nahe verwandt ist und dennoch entgegensteht. So verdeutlichen sich die Hintergründe, vor denen das Erlebnis von Musik in ihr angemessenen Räumen möglich wird. So kann verständlich werden, wie es im Konzertsaal maximale Intensität gewinnt.

Im künstlerischen Ausdruck steigern sich die Erscheinungsweisen eines Gegenstandes so sehr, dass sie abgehoben von Umgebung und Publikum zur Geltung kommen und verinnerlicht werden. In der Gestalt solchen Ausdrucks finden sich hinreichend Anlässe und Gründe, sich ihm als einer sinnlichen, sinnhaften Ordnung zu überlassen. Sie genügt sich darin so intensiv und umfassend, dass sie als Kosmos eigener Art Beachtung finden kann. Eher wird ein gesteigerter Ausdruck die Umgebung, von der er sich abhebt, die Öffentlichkeit, die ihn zur Kenntnis nimmt, an sich binden, als ihren Maßgaben sich unterwerfen.

Kunst bietet ihrem Publikum eigenständige Ausdruckswelten. Wer sich ihnen zuwenden und überlassen kann, lässt, soweit möglich, eigene Lebenswelten gleichgültig werden. In glücklichsten Fällen, wenn die Werke grundlegende Ausdrucksgestalten einer Kultur, mithin das an Wahrnehmung und Bewegung gebundene Sinn- und Werterleben erreichen, kann ihr Erlebnis zu einer Läuterung gewohnter Lebenshaltungen führen. Es muss den eigenständigen Charakter von Kunst daher entschieden schwächen, wenn sich ihre befreienden Möglichkeiten in Gebot und Zwang verkehren. Je technischer sich Formen der Klang- und Musikproduktion etablieren, desto größer ist auch die Gefahr, dass die Werke selbst diese Abhängigkeit ästhetisch nur dokumentieren, nicht jedoch souverän integriert gestalten.

Kunstwerke

Zahlreiche, allerdings nicht alle Erlebnisweisen kennzeichnet es, dass sie einen gemeinsamen, konstanten Bezug auf Bereiche von Gegenständen mit sich führen. Die Kompetenz, mit allen Mitteln, die ein lebendiges, körperliches Dasein bieten kann, gemeinsam auf Objekte Bezug zu nehmen, gehört zu den kulturell entscheidenden Leistungen, die der Mensch hervorbringen konnte. Ohne sie wären ihm Selbstbewusstsein und Geschichtlichkeit, Wissenschaft und Kunst gleichgültig. Die besondere Brisanz aller gegenständlichen Orientierung erweist sich indes erst im Kontrast zu Leistungen, die auf Objekte nicht oder doch nur in geringem Maße Rücksicht nehmen. Dem kindlichen Spiel zum Beispiel und wohl auch der Vielfalt des Erotischen ist Objektivität abträglich. Die Verbindlichkeit dieser und ähnlicher Sphären ist anderer Art. Sie liegt im Ausdruck, im Erlebnisvollzug selbst und ist sich darin genug. Gegenständlichkeit verlangt so leicht nach Transzendenz und Idealität, den philosophischen Gegnern unmittelbarer Genüsse, auch der langwierigen Freuden und der Trauer, ohne die eine Gemeinschaft nicht lebendig ist.

Kunst präsentiert sich in Werken. Künstlerischer Geschmack ist an sie gebunden, nicht jedoch in dem objektivierenden Sinne, der Beurteilungsweisen auszeichnet. Darstellung und Konfrontation werden im Bereich der Kunst allenfalls mittelbar relevant. Selbst wenn Literatur, Film und Schauspiel und einige Formen bildender Kunst auf die Präsentation von Inhalten und Gehalten angewiesen sein sollten, ist doch unstrittig, dass ihre gegenständliche Bindung ihrem Ausdruck dient.

Der prekäre Status von Kunstgattungen wie Karikatur und Satire, die ihren Ausdruck an inhaltliche, etwa politische oder didaktische Ansprüche knüpfen, illustriert das Problem der fraglichen Balance. Sie verweist nicht zuletzt auf die künstlerisch leitende Aufgabe des vorliegenden Bildbandes.

Konzerthäuser sind das leitende Thema dieses Buchs. Sie verkörpern schon ihrerseits die ästhetische Aufgabe, Musik und Architektur verbindlich zueinander ins Verhältnis zu setzen. Die Photographien des vorliegenden Bandes erschöpfen sich aber nicht darin, zumindest visuell exemplarische Lösungen dieser Aufgabe zu dokumentieren. Aus ihrer medialen Beschränkung erwächst ein eigener künstlerischer Anspruch.

Eine photographische Präsentation, nicht zuletzt der Architektur von Konzerthäusern, verfügt lediglich über visuelle Gestaltungsmittel. Nur der Wechsel zwischen Außen- und Innenansicht, Volumen und Leere spielt auf die Bewegung an, die sich die Bilder versagen und doch voraussetzen. Der Standpunkt, an dem die Wahrnehmung des Photographen zur Ruhe kommt und Bild wird, gibt den Ausschlag. Im glücklichsten Fall sieht er in der Art, wie das Sujet ihm erscheint, die autonome Komposition des Bildes entstehen. Der Betrachter des Werks wird der Bewegung nachspüren, in der das Sujet zum Bild geriet. Zugleich wird ihm unmittelbar offensichtlich, wie der Gegenstand des Bildes aus der Komposition erwächst, darin schwebt, aber sich darin nicht erschöpft.

In der Wirklichkeit, auf die das photographische Bild verweist, ist der Konzertsaal ein Raum, in dem Musik als solche zur Geltung gebracht wird. Im Konzertwesen darf seine Architektur deshalb nur mittelbar Geltung gewinnen. Vorrangig bietet sie Räume für Musik. Ihre photographisch künstlerische Darstellung entkleidet sie, wie es zunächst scheint, ihrer medialen Aufgabe und bringt sie ihrerseits so zur Geltung, dass der Betrachter die Kunst der ins Bild gesetzten Säle entdeckt. Doch auch in dieser Sicht bleiben es Räume der Musik. In der ruhigen Betrachtung, die im Ausdruck der Photographien angelegt ist, kann er nunmehr sehen, dass es den Räumen, denen er seinen Blick überlässt, an Musik fehlt. Wenn er bemerkt, wie zurückhaltend die Bilder ihm diese Räume eröffnen, wird er in der Leere ihrer Gestaltung, nicht in ihrer tatsächlichen Leere, den Ausdruck ihres musikalischen Sinns entdecken.

Doch Ausdruck ist in erster Linie lebendiger Ausdruck, das Medium gemeinsamer Existenz zwischen alltäglicher Lust und gewöhnlichem Schmerz bis hin zu den musischen Momenten des Daseins. Doch künstlerischer Ausdruck wird gegenständlich, in Werken präsent. Die unmittelbare Begeisterung lebendigen Ausdrucks, die Sport zum Beispiel oder auch Artistik so konzentriert erzeugen, fehlt ihm, wenngleich es soziale Konstellationen gibt, unter denen künstlerischer Ausdruck in unmittelbare Anspannung münden kann. Der Bereich des Ausdrucks ist eine Sphäre der Variation und Intensität. Übergänge zwischen Kunst und Unterhaltung bis hin zur Zerstreuung sind daher fließend. Gelegentlich werden Konzerthäuser mit dem Ziel entworfen, dieser Bandbreite unter Einsatz ausgereifter akustischer Technologien ästhetisch wie ökonomisch gerecht zu werden.

Künstlerischer Ausdruck entsteht und erneuert sich von seinen lebensweltlichen Voraussetzungen her. Die Sozialgeschichte der Musik veranschaulicht diese Art Impulse in aller Deutlichkeit. So ist nicht zuletzt die Entstehung eines öffentlichen Konzertwesens im 18. Jahrhundert von grundlegenden kulturellen Veränderungen abhängig. Ohne Fortschritte im Verkehrswesen, im Instrumentenbau, ohne die gezielte Ausbildung von Berufsmusikern, ohne den sozialen wie ökonomischen und zuletzt auch politischen Aufstieg bürgerlicher Schichten hätte sich diese künstlerische Leistung nicht entwickeln können.

Doch nicht nur Herkunft und Erneuerung künstlerischen Ausdrucks verweisen auf die Sphären ästhetischer Alltäglichkeit. Auch trivialisierende Ausbeutung und industrielle Vermarktung künstlerischer Leistungen, gegenwärtig oft genug durch Fortschritte der Elektroakustik, aber auch der Datenverarbeitung, sind so gewöhnliche wie übliche Phänomene des zivilisierten Lebens. Personen und Ereignisse, Dinge und ihre Umgebungen kommen darin nicht als solche zur Geltung, sondern eher so, wie sie am aktuellen Geschehen Anteil haben, im Horizont eines Interesses auftauchen und in Vergessenheit geraten. Überhaupt kann es ohne einen gewissen Mangel an Aufmerksamkeit auf Gegenständliches nicht gelingen, am flüchtigen Fest des Lebens teilzuhaben. Will man seine Mitmenschen in Existenz und Lebensweise als sinnlich bewegte, bewegende Erscheinungen gelten lassen und möchte man ein gemeinsames, nur äußerst begrenzt eigenständiges Leben mit ihnen teilen, dann sollte man sie, und auch sich selbst, ein wenig außer Acht lassen.

Beurteilung ist indessen nur distanziert möglich. Nur auf dem Hintergrund sachgerechter Darstellung werden Gegenstände als solche anerkannt, in ihren Eigenschaften, in ihrer Beschaffenheit zugänglich. Die traditionelle Mahnung, der Erscheinung der Dinge vorsorglich zu misstrauen, lässt sich als Maxime lesen, diesen Abstand aus Prinzip zu wahren. Um der Täuschungen und Irrtümer willen, die man erlitten hat und erleiden wird, scheint es unerlässlich, Gegenstände anderen wie sich selbst durch verlässliche Darstellung bleibend verfügbar zu machen. Es ist allerdings ausgeschlossen, diesem Grundsatz bedingungslos Rechnung zu tragen. Soziale Lebensverhältnisse sind auf Vertrauen angewiesen, und Zuwendung gelingt nur dort, wo auch Täuschung und Verführung sich ansiedeln.

In demselben Maße, in dem Erkenntnis und zielstrebiges Handeln Vorbehalte verlangen, ist Zusammenleben auf Vertrauen angewiesen. Welche Haltung jeweils angemessen ist, lässt sich allenfalls aus Erfahrung abwägen. So unbedingt, wie es Erkenntnisobjekte erfordern, sie kritisch zur Kenntnis zu nehmen, so radikal verlangen es Objekte der Kunst, sich ihnen so, wie sie erscheinen, zu überlassen, somit an ihrer Gegenwart Anteil zu haben, ohne sie zu Mitteln bloßer Unterhaltung herabzuwürdigen.

Die Atmosphäre einer Entrückung, die allzu leicht museal wirkt, ist wie dem Park und der Galerie auch Konzertsälen nicht fremd. Die künstlerischen Bereiche, die ihre Architektur in einer Lebenswelt bietet, sind Freiräume. Ihre Gestaltung

The Great Handel Festival at the Crystal Palace: Israel in Egypt, 24. 6. 1859. The Illustrated London News, 20. 7. 1859

wird zweifellos einigen funktionellen Erfordernissen Rechnung tragen, darf sich darin allerdings nicht erschöpfen. Denn Ordnung und Ausdruck dieser Art Gebäude soll es Besuchern in erster Linie ermöglichen, instrumentelle Haltungen abzulegen. Wie die öffentliche Betrachtung bildender Kunst so ist auch der Besuch eines Konzerts kein gemeinsam zweckmäßiges Handeln, das etwas erzielen soll. Noch erschöpft sich die Gegenwart eines Publikums in gemeinsamen Unterlassungen, einer Art regungslosem Schweigen, das die Klänge ungestört lässt. Die Konzentration, die sich einstellt, als wäre sie Wirkung einer kollektiven Anstrengung, ergibt sich im Gegenteil aus der Bereitschaft, ein musikalisches Werk so, wie es im Klang erscheint, zu verinnerlichen, ihm selbstvergessen das eigene Erleben zu überlassen. Auf diese Art ergibt es sich, dass man gemeinsam an ihm Anteil hat, an der Art lebendig zu sein, die der musische Ausdruck verkörpert.

Idealität

Die menschlichen Verhältnisse selbst schwanken jedoch. Beständigkeit in Darstellung oder Ausdruck ist ihnen fremd. Zuwendung und Distanzierung wechseln. Gebote der Stunde drängen nur umständehalber. Menschliche Verhältnisse sind eine alltägliche Angelegenheit.

Wissenschaft und Kunst widersetzen sich dieser unbeständigen Gegenwart. Beiden Bestrebungen ist ein idealischer Zug eigen. Vermeintliche Erkenntnis lässt sich unter Umständen revidieren, wahrhafte Erkenntnis nicht. In einer sinnlich körperlichen Welt lassen sich Irrtum und Täuschung nicht unbedingt ausschließen. Erkenntnisobjekte sind deshalb vorrangig als Ideale ihrer wissenschaftlichen Darstellung zugänglich.

Auch Kunstwerken sind idealische Züge nicht fremd. Sie treten öffentlich wahrnehmbar in Erscheinung und haben in dieser Art, zur Geltung zu kommen, ihren wesentlichen Wert. Im Unterschied zu allem anderen Ausdruck dient künstlerischer Ausdruck nicht der fortschreitenden Vermittlung lebendiger Gemeinschaft, sondern eröffnet eine unbedingte Hinwendung an einen sinnlich erfahrbaren Gegenstand um seiner selbst willen. Ziel dieser Art Bezugnahme ist nicht bleibende Erkenntnis, sondern beständige Teilhabe, eine lebendige Verinnerlichung des Gegenstands selbst im öffentlichen Raum. Dieser Art Vereinnahmung sind jedoch in der Anlage des Kunstwerks selbst Grenzen gesetzt.

In einer sinnlich bewegten Welt können Erlebnisse der Angleichung und Übereinstimmung nicht dauerhaft sein. Widerstand gegen den vorläufigen Charakter des Lebendigen steigert für gewöhnlich nur dessen Potenzial an Vernichtung. Kunstwerke kommen zwar als Gegenstände unbedingter Zuwendung zur Geltung, artikulieren ihren Anspruch jedoch als eine wenn auch maßgebliche, so doch unerfüllbare Aufgabe. In der Faszination, mit der entschiedene Zuwendung zur Kunst erlebt wird, liegt immer auch die Gewissheit, dass das Werk vollkommene Erfüllung nicht zulassen kann. So ergibt sich der Anschein eines Zusammenhalts im Ausdruck, der zwar stets tiefgreifendere und umfassendere oder auch neuartige Zuwendung in Aussicht stellt, es jedoch offen lässt, ob sie endgültig zu erzielen ist. Die innovative Interpretation auch historischer Musik, und sei es in akustisch angemesseneren Räumen, rechnet mit dieser Offenheit. Auch eine neuartige Präsentation bildender Kunst, in der Dekor, Disposition und Architektur variieren, illustriert diese Art ästhetischer Potenz.

Kunstwerke treten als existenzielle Ideale in Erscheinung. Keine andere Art von Gegenständen gemeinschaftlicher Erfahrung kommt so entschieden sinnlich und dennoch unerreichbar zur Geltung. Doch Menschen oder höheren Lebewesen oder auch der Natur eine Wertschätzung entgegenzubringen, wie sie nur Kunstwerken angemessen ist, führt gemeinhin in Katastrophen.

Kunst und auch Wissenschaft lassen Gegenstände für sich gelten. In ihren Sphären zählt weder ausschließlich noch vorrangig der vermittelnde Wert, den Objekte in einer Kultur besitzen. Sie kommen hier vielmehr so zur Geltung, wie sie für eine menschliche Kultur überhaupt maßgeblich sind. Wissenschaftliche Darstellung zielt auf Wahrheit hin. Sie gilt allen. Mit gleicher Verbindlichkeit zielt künstlerischer Ausdruck auf eigenständige Erscheinung hin. Für wissenschaftliches Erkennen ist nicht bloße Wahrheit, sondern Wahrheit, die zu systematischer Erkenntnis führt, ein prinzipieller Wert. Auch künstlerisch wird das Interesse am Gegenstand selbst von einer unerschöpflichen Bestimmung, nun aber seines Ausdrucks geleitet. Er hat so faszinierend in Erscheinung zu treten, dass er öffentlich als er selbst und nur als solcher zählt, sich hierin aber zugleich entzieht. Schon aufgrund dieser unbestimmt vorgreifenden Zielsetzung kann es nicht gelingen, künstlerischen Ausdruck nach Regeln zu schaffen. Ob ein Kunstwerk so erfahrbar wird, dass es sich einerseits seiner ästhetischen Umgebung einfügt, so allerdings, dass es sich darin andererseits als eigenständige Erscheinung erweist – diese Frage kann aus demselben Grund nur in erfahrener Auseinandersetzung mit den Werken selbst eine Antwort finden.

Vorgegebene, sie leitende Ideen sind der Kunst fremd. Ihre existenzielle Idealität ist ein wesentliches Moment der Art, in der ihre Werke körperlich wahrnehmbar zählen und sich darin zurücknehmen. Wie sich Kunst einer bestimmten Gattung, Musik oder Architektur zum Beispiel, in einer Kultur ausbildet und in Erscheinung tritt, prägt daher die Art, in der sie sich zu Kunst anderer Gattungen, aber auch zu anderen Erfahrungsbereichen ins Verhältnis setzt. Ein integratives Kunstverständnis der hier skizzierten Art erlaubt es unter anderem darzulegen, wie Konzerthäuser, auch im Wettstreit mit anderen Aufführungsorten, zur öffentlichen Existenz von Musik beitragen.

Eigenständigkeit

Kunst entsteht aus Stilisierungen, die ohne gegenständlich idealen Anspruch in Erscheinung treten. Festlichkeit und Schmuck sind zwar Phänomene des Ausdrucks im weitesten Sinne, aber nicht schon Kunstformen. Tänzerischer Ausdruck illustriert eindringlich, wie ein ästhetisches Phänomen sozialen Lebens zur Gestaltung einer künstlerischen Gattung führen kann. So bleibt gerade in den großartigsten Choreografien des 20. Jahrhunderts die Herkunft von Ballett und Tanzkunst aus einem archaischen Lebensphänomen stets deutlich.

Je nach Art ihres Entstehens legt eine Kunstgattung fest, auf welche Bereiche menschlicher Wahrnehmung und Bewegung sie prononciert zugreift, um ihre Gattungsgrenzen vorläufig festzulegen und dementsprechend Formen idealer Bezugnahme einzurichten. Kommt es, etwa in der abendländischen Tradition, zur Ausgestaltung einer reinen Klangkunst oder einer als Baukunst verstandenen Architektur, so sind Bereiche künstlerischer Gegenständlichkeit so entschieden festgelegt, dass sich nur mit größter Mühe Kunstformen etablieren lassen, in denen Raum- und Klanggestaltung gleichberechtigte Momente sein können. Unter anderen hat Karlheinz Stockhausen Werke einer derartigen Gattung entworfen und zum Teil auch realisieren können. Eine entsprechende Tradition ist allerdings nicht entstanden.

Architektur und Musik haben sich in der europäischen Kultur zu in der Regel eigenständigen Kunstgattungen entwickelt. Musik ist auf Räume angewiesen, die zum einen ihren Wert als Unterhaltung oder festlichen Schmuck fördern, die zum anderen ihrem Wert als künstlerischem Ausdruck angemessen sind. Umgekehrt kann Architektur zu ihrer verstärkten Gliederung auf Klangverhältnisse zurückgreifen.

Die ästhetische Souveränität dieser beiden Gattungen erfordert es, dass sie, da Interferenzen unvermeidlich sind, füreinander die Aufgaben eines ästhetischen Kontexts übernehmen. Wie und in welchem Maße kann ein Gebäude sich als architektonische Umgebung präsentieren, die höchst erfolgreich die Aufgabe übernimmt, ein musikalisches Kunstwerk als solches zur Geltung zu bringen? Welche Musik, die selbst den Anspruch erhebt, Kunst zu sein, könnte umgekehrt dazu beitragen, dass eine Architektur als künstlerisches Werk in Erscheinung tritt? Welche Formen künstlerischen Gelingens und Ungenügens sind in diesen Horizonten ästhetischer Integration möglich oder zu erwarten?

Schon lebensweltlich sind Klangereignisse und bauliche Verhältnisse wesentlich aufeinander bezogen. In dieser allgemeinen, kulturellen Sphäre fehlt jedoch jener Anspruch des Kunstwerks, als ästhetische Erscheinung einen unbedingt maßgeblichen Bezug zu bieten. In lebensweltlichen Sphären fehlt der Anspruch ausschließlicher Geltung, der Kunst gegenüber anderen Phänomenen der Gesellschaftlichkeit so faszinierend auszeichnet. Allgemein stellt sich mithin die Frage, wie eine Art Kunst die Präsenz einer anderen ermöglichen oder steigern kann, wo sie doch gleichermaßen auf die Wirksamkeit anderer Künste zurückgreifen könnte?

Herausforderungen dieser Art bergen andere Risiken in sich als das gewöhnliche Erfordernis ästhetischer Arrangements, der harmonisierenden Angleichung, in der Gestaltungsformen etwa des Unterhaltungswesens einander ergänzen und sich wechselseitig zielorientiert stützen. So wäre es ein lächerliches Missverständnis, ein multimediales Popkonzert als eine Rezeption von Musikstücken aufzufassen, die es in lebhafter Anteilnahme zu verstehen gelte. Wie umfassend und differenziert ästhetische Ereignisse dieser Art auch erzeugt werden, ihre Qualitäten dienen vorrangig ihrer Wirkung, dem intensiven, sinnlichen Erlebnis, der vehementen Präsenz selbst. Werke, die lebensweltlich integriert, öffentlich in Erscheinung treten, werden als solche selbst dann nicht zur Kenntnis genommen, wenn die Qualität ihrer Komposition es zuließe. Künstlerische Innovationen sind strukturell radikaler als die Wandlungen modischer Arrangements.

Ergibt sich eine neue Kunstgattung, die auf Gestaltungsweisen etablierter Kunstgattungen zurückgreift, so wird eine eigenständige Gattung sich erst dann entwickeln, wenn an den entsprechenden Werken selbst ihre gegenständliche Einheit ästhetisch offenkundig, ihre künstlerische Souveränität glaubhaft in Erscheinung tritt. Oper, Film, Happening und Installation exemplifizieren diese Aufgabenstellung für unterschiedliche historische Kontexte. Im Verhältnis von Architektur und Musik können allerdings nicht nur analoge Herausforderungen maßgeblich werden. Die architektonische Darbietung des *Poème électronique* von Edgard Varèse zum Beispiel beansprucht, einen eigenständigen Werkcharakter zu besitzen. Die Architektur von Konzerthäusern zielt hingegen nicht auf eine gleichermaßen ursprüngliche Gestaltung. Gebäude, die der Präsentation von Kunst dienen, müssen aber allein deshalb noch keine Zweckbauten sein, die unter dieselbe Gattung wie Sportstätten oder Vergnügungszentren fielen.

Kulturkritische Stimmen haben das bürgerliche Konzertwesen häufig als ein Ritual entlarven wollen, in dem eine Gesellschaftsschicht, quasi religiös, sich selbst in ihrem Aufstieg feiert. Unabhängig von der Berechtigung ideologiekritischer Ästhetik ist auf die kulturelle Leistung hinzuweisen, die nicht zuletzt in der Entwicklung eines öffentlichen Konzertwesens und seiner Architekturen anschaulich wird. Seit dem 18. Jahrhundert ist es allmählich gelungen, nicht nur Wissenschaft, sondern auch Kunst öffentlich zur Geltung zu bringen. Im Zuge dieser Entwicklung entstand bis hin zur Ausgestaltung angemessener Wahrnehmungs- und Kommunikationsweisen eine Form von Urbanität, die das Selbstverständnis des Menschen ästhetisch wie intellektuell zur öffentlichen Angelegenheit macht. Der Raum, in dem die allgemein verbindliche Darstellung von Erkenntnissen und ihre verantwortliche Nutzung statthat, ist zugleich der Raum, in dem Lebensweisen nicht nur vollzogen, sondern auch für sich genommen artikuliert und als solche künstlerisch erkennbar werden.

ÄSTHETISCHER RAUM

Der Ausdruck Raum kann geometrisch oder auch topologisch verstanden werden, doch er bezieht sich in erster Linie auf physische Verhältnisse. Er bestimmt so den natürlichen Bereich einer gemeinsamen, allgemeinen Umgebung, in dem sich besondere Umgebungen einrichten lassen.

Physische Räume begrenzen und prägen mithin die öffentlichen wie auch privateren Räume der äußeren Erfahrung. Sie werden von natürlichen, doch auch kulturellen Verhältnissen bestimmt. Einerseits müssen sie von ihren physischen Voraussetzungen deutlich unterschieden werden. Andererseits sind sie von ihren inneren Komplementen, den Räumen innerer Erfahrung oft nicht leicht zu trennen.

Im Ästhetischen ist stärker als in jeder anderen Sphäre kulturellen Lebens deutlich, dass ein Gegensatz zwischen Erlebnis und Erlebtem sprachlich naheliegt, terminologisch erforderlich sein wird, doch im Erleben sich oft nicht ausprägt. Bewusstsein, der eigentliche Hort menschlicher Existenz, lässt sich nicht lokalisieren, ist jedoch körperlich gebunden und erfährt und steuert sich in den Grenzen seiner so physischen wie kulturell geprägten Verfassung.

Architektur und Musik sind zweifellos in physischen Geschehnissen aufeinander bezogen. Die ästhetische Relevanz ihrer wechselseitigen Bezüge, die lebendige Einheit, deren künstlerische Aspekte sie sind, setzen einen Raum gemeinsamer Erfahrung voraus. In seiner Sphäre haben Menschen an einer kulturellen Welt, insbesondere aneinander Anteil. Nach Maßgabe ihrer Erfahrungen trennen sie darin zwischen Innerem und Äußerem, Öffentlichem und Privatem. Dieser Raum gemeinsamen und wechselseitigen Ausdrucks ist der ästhetische Raum. Unterschiedliche ästhetische Ansprüche, in erster Linie dekorative und künstlerische, treffen in seinem Medium aufeinander, in einer äußeren Umgebung, an der man gemeinsam und wechselseitig in Wahrnehmung und Bewegung Anteil hat und haben kann.

Grundlegende religiöse Optionen einer Kultur entscheiden darüber, in welchem Maße sich gemeinsame Erlebnisräume in Einheit mit Sphären übernatürlicher Erfahrung erschließen. In der Geschichte der abendländischen Kultur hat sich ein vorwiegend säkulares Erleben öffentlicher, privater, aber auch natürlicher Umgebungen entwickeln können. In der Regel werden mystische Züge der kollektiven oder auch individuellen Erfahrung deshalb als Projektionen aufgefasst, die dem inneren Erleben zugehören. Im selben Sinne gelten Erinnerungen, Phantasien und andere Spielarten übertragener oder assoziierter Erfahrung als Leistungen des Bewusstseins, die es vom Erleben äußerer Verhältnisse zumindest prinzipiell zu trennen vermag. So kommt ein kulturelles Selbstverständnis zur Geltung, in dem wissenschaftlich und künstlerisch orientierte Erfahrungsformen miteinander vereinbar sind, einander sogar bedingen. Die Erschütterungen, die künstlerischer Ausdruck zu erzeugen vermag, dokumentieren, wie weit er in gemeinschaftliche oder persönliche Innenwelten hineinreicht. Diese Art ästhetischer Sensibilität besteht aber nur in dem Maße, wie es gelingt, sich von äußeren Verhältnissen abzusetzen, an ihrer Schwelle zu leben, ohne mit ihnen zu verschmelzen.

Eine differenzierte Bestimmung möglicher Erfahrungsräume setzt selbst ein nüchternes Erfahrungsverständnis voraus. Auch die gegenwärtigen Überlegungen beruhen auf dieser Option, allerdings im Bewusstsein ihres historischen Ursprungs. Allgemein, somit auch im Besonderen, ist ein ästhetischer Raum ein gemeinsamer, äußerer Erlebnisraum, in dem sich Menschen als kulturelle Wesen körperlich zur Kenntnis nehmen. Eingedenk seiner Entwicklung, doch auch der Schwankungen, denen kollektives wie individuelles Erleben ausgesetzt sind, kann es sich nur um eine ideale Bestimmung handeln, die gerade als solche Entwürfe, Gebäude und ihre Umgebungen prägt.

Architektur und Musik kommen im selben physischen Raum zur Geltung. Je nach Art des künstlerischen Geschehens nimmt der ästhetische Raum, in dem sie miteinander präsent sind, unterschiedliche Gestalten an. Der Brüsseler Philips-Pavillon veranschaulicht, wie Architektur, bildende Kunst und Musik an der Gestaltung eines ästhetischen Raumes gleichberechtigt beteiligt sein können.

Ein Konzertsaal hingegen ist vorrangig ein Ort der Musik. Seine Architektur soll ihr so angemessen wie möglich Raum geben. Wenn Musiker und Publikum Zug um Zug ihre Plätze einnehmen, so bietet ihnen der Saal im besten Fall einen ästhetischen Raum, der es ihnen in Wahrnehmung und Bewegung erlaubt, je für sich und darin gemeinsam, das musikalische Werk als solches zu hören. Seine Verinnerlichung wird im Erlebnis der architekturalen Umgebung vorbereitet. Ihre Gestalt lässt die Beteiligten sich darauf einstimmen, an der Musik Anteil zu haben. Der ästhetische Raum, den Gebäude und Saal den Beteiligten bieten, ist nicht mehr als das Medium, in dem das musikalische Werk sich artikulieren kann. Er kommt so weit wie nur möglich dem ästhetischen Raum gleich, den die Musik ihrer Anlage nach erfordert. Insbesondere der Saal stimmt die Beteiligten auf die Art der Zuwendung ein, in der musikalische Kunst lebendig wird.

Der Konzertsaal stellt einen ästhetischen Raum zur Verfügung. Baulicher Kontext, räumliche und technische, insbesondere akustische Gestaltung entscheiden über Qualität und Variabilität dieses Hörraums. Musik und Architektur sind indes his-

Jean-Charles Moreux: Salle d'Auditions de Madame Wanda Landowska, Saint-Leu-la-Forêt

torische Phänomene. Werke dieser wie jener Gattung artikulieren Klangauffassungen unterschiedlicher Epochen, ihrer vielfältigen Gruppierungen und Professionen. Es ist weder sachlich berechtigt noch ästhetisch sinnvoll zu erwarten, dass ein hervorragender Saal sämtlichen musikalischen Anforderungen, sei es architektonisch, sei es durch seine akustische Ausstattung, gerecht werden könnte.

Hoffnungen solcher Art sind grundsätzlich vermessen. Denn sie setzen voraus, dass Werke der Musik als Gegenstände technischen Handelns zu erfassen wären, überhaupt unabhängig von ihrer ästhetischen Gestaltung verfügbar sein könnten. Hoffnungen dieser Art erschöpfen sich nicht in intellektuellen Positionen. Sie inszenieren sich zwangsläufig in ästhetisch selbstgerechten Einstellungen und treten entsprechend vehement in Erscheinung.

Konzertsäle und überhaupt Konzerthäuser müssen wie alle Architektur eine Reihe sozialer und ökonomischer Funktionen erfüllen. Im Besonderen dienen sie einem störungsfreien Konzertbetrieb. Ihre mediale Kraft ist überdies davon abhängig, in welchem Maße sie dem Ausdruck von anderen als künstlerischen Werten dienen müssen. Die Gestaltung eines Saales feiert vielleicht dessen technische Errungenschaften oder huldigt mit seinem Podium im Zentrum von Publikumsterrassen dem begnadeten Dirigenten, dem berühmten Orchester des Hauses. Die Möglichkeiten, die künstlerischen Qualitäten eines Saales zu schmälern, sind so vielfältig wie die partikulären Interessen, die sich mit dem Bau und Betrieb von Konzerthäusern verbinden lassen.

Die Gebäude werden in der Regel älter als ihre Erbauer. Mit der Zeit wird offenkundig, dass sie ihre Schöpfer überlebt haben, und so zeigt sich dann, in welchem Maße sie eigenständigen Ausdruck besitzen. Was vormals die Ideale, den Stolz eines Publikums spiegelte, nationales Gewicht oder lokale Größe bezeugte, ist nun Widerschein vergangener Eitelkeit. Man schaut in den gealterten Saal, hofft auf gedämpftes Licht und die Faszination des Klangs.

Bisweilen wird die urbane Landschaft von Konzerthäusern belebt, die durch den Umbau von Industrieanlagen oder anderer Zweckbauten entstanden sind. Diese Transformationen können in dem Maße gelingen, wie ihre ursprüngliche bauliche Gestaltung ein erkennbares Potenzial zu neuen Bestimmungen in sich trägt. Der praktische Anreiz einer solchen Umwandlung ist offensichtlich. Er liegt in einer technischen, unter Umständen auch ökonomischen, im Wesentlichen aber ästhetischen Leistung. Der Erfolg entsprechender Projekte verlangt nicht nur, dass die vorgegebene Bausubstanz ihrer neuen Bestimmung akustisch gerecht werden kann. Es muss darüber hinaus gelingen, sämtliche Anzeichen der ursprünglichen Zweckmäßigkeit so weit zu neutralisieren, dass das Gebäude künftig als Ganzes einer medialen, im Besonderen einer künstlerischen Aufgabe gerecht werden kann.

Das Ziel dieser Art Transformationen liegt nicht in einer schlichten Neunutzung eines Gebäudes, vielmehr in seiner integralen Umwidmung zugunsten einer anders gearteten Bestimmung. Über akustische Eingriffe hinaus ist es vor allem erforderlich, die sichtbare Präsenz seiner Geschichte so zu gestalten, dass sie mit seinem nunmehr künstlerischen Zweck vereinbar ist. Ein Wasserwerk zum Beispiel lässt sich eher zu einem Konzerthaus umgestalten als ein Schlachthof.

Was historisch und insofern ästhetisch angemessen ist, wird nicht anhand von Prinzipien entschieden. Denn Anforderungen dieser Art berühren Fragen des Geschmacks. Die Grenzen guten Geschmacks liegen wie die Horizonte des Vergessens im Zwielicht. Das Problem der künstlerischen Umwidmung von Gebäuden ist im Kern eine Schwierigkeit, die sich aus der unvermeidlich politischen Anbindung von Kunst an ihre historischen und lebensweltlichen Umgebungen ergibt.

Kosmos und Natur

Noch ehe sich im 18. Jahrhundert in England ein sozial differenziertes Konzertwesen entwickelt, dessen bauliche Zeugnisse nahezu vollständig verloren sind, entwirft der Musikschriftsteller Thomas Mace das Modell eines *Musick-Roome Uniforme*, der Ausdruck einer entschieden künstlerischen Ästhetik ist. In *Musick's Monument*, dem Hauptwerk des Choristen und Lautenisten, begründet er seine Empfehlung, einen zentralen, oktogonal anmutenden Aufführungsraum von vier, einander gegenüberliegenden Galerien abzugrenzen, die insgesamt 200 Zuhörer fassen. Mittels akustischer Technik soll der Raum eine freie, ungehinderte Ausbreitung des von Nebengeräuschen befreiten Klangs in die Galerien erlauben und so eine reine, in sich differenzierte Wahrnehmung der Musik ermöglichen. Ziel dieser allgemeinen Empfehlung ist eine systematisch reflektierte Förderung der Kunst der Musik. Es nimmt nicht wunder, dass Thomas Mace den Cambridger Platonikern um Henry More nahestand.

Auch einige frühere historische Räume, die als Räume für Musik geschätzt, vielleicht auch entworfen wurden, sind oktogonal angelegt. In seinen Notizen zu Andrea Palladios *Quattro libri dell'architettura* betont Inigo Jones, dass die Eckräume des unvollendet gebliebenen *Palazzo Thiene* in Vicenza, genauer gesagt die realisierte *Sala dei Principi* und die darüber liegende *Sala dei Metamorfosi*, sich aufgrund ihrer Form in hohem Maße zum Musizieren eignen.

Im siebten Buch seines Kompendiums *Tutte l'Opere d'Architettura* erörtert Sebastiano Serlio eines der wohl frühesten Beispiele europäischer Architektur für Musik, das *Odeo* des Paduaner Mäzens und Schriftstellers Alvise Cornaro. Serlios Beschreibung aus den vierziger Jahren des 16. Jahrhunderts legt nahe, dass der Raum vom Bauherrn selbst und eigens für musikalische Darbietungen gestaltet wurde. Auch in diesem Fall werden die oktogonale Grundgestalt und die entsprechend regelmäßige Anordnung von Nischen für die Klangqualität des Raumes verantwortlich gemacht. Wie später Mace weist Serlio auf die Sorgfalt hin, mit der ein Musikraum für Spiel und Aufbewahrung von Instrumenten zu gestalten sei. Cornaro beauftragte den niederländischen Maler Lambert Sustris, das *Odeo* mit lebhaften Grotesken, in den Nischen mit weitläufigen Landschaftsbildern auszumalen, sodass Musiker und Zuhörer in eine Sphäre fruchtbarer Natur versetzt sind.

Gewiss stand Cornaro einer theoretisch reflektierten Architektur, wie etwa Daniele Barbaro sie vertrat, reserviert gegenüber. Doch Zentralität, Uniformität und Regelmäßigkeit seiner Planung wie der anderen zitierten Entwürfe weisen auf ein an Proportionen orientiertes, letztlich pythagoreisch inspiriertes Architekturverständnis hin, wie es in den Schriften Leon Battista Albertis pünktlich zum Ausdruck kommt. Für Musik und Architektur sind nach dieser Auffassung dieselben, erkennbaren mathematischen Proportionen maßgeblich, die im Kosmos, der schönen Ordnung, gelten. Dem Menschen erscheint diese Welt aber auch als Bereich eines natürlichen Lebens, an das er physisch wie psychisch gebunden ist. Architektur und Musik gehören daher zu den kulturellen Leistungen, die es ihm in Kenntnis ihrer Prinzipien erlauben, sich in der Natur in Gestalt einer Gesellschaft einzurichten.

Strategien des Ausdrucks

In der Palladianischen Architektur von Inigo Jones tritt diese metaphysische Option noch deutlich in Erscheinung. Für die spätere Architektur des bürgerlichen Konzertwesens ist sie nicht mehr relevant. Ihr wesentlicher Erfolg ist ein Konzertsaal in Form eines Quaders mit einem Podium an der Stirnseite und ihm gegenüber einem umlaufenden Balkon. In der Regel ist diese Art Saal für ein Publikum von etwa 1500 bis 2200 Personen ausgelegt. Im mittleren Frequenzbereich und bei voller Besetzung liegt die Nachhallzeit dieser Säle in etwa zwischen 1,4 und 2,2 Sekunden. Dieser Bautyp, den zum Beispiel in Wien der *Große Musikvereinssaal* von 1870, in Amsterdam der große Saal des *Concertgebouw* von 1887 illustrieren, entsteht nicht aus theoretischen oder programmatischen Gründen. Er entwickelt sich in der umfassenden Zusammenarbeit all derer, die durch Können und Erfahrung, sei es als Impresari oder Musiker, als Architekten, Politiker oder Mäzene, an der Ausgestaltung eines öffentlichen Konzertwesens Anteil haben. Bis in die Form konzentrierter Wahrnehmung hinein, die so entsteht, sind diese Tradition, ihre Musik und Architektur Ergebnis einer integrativen, gesellschaftlichen Praxis. Ihre metaphysischen Aspekte treten weniger an den Werken selbst, vielmehr an ihrer öffentlichen Inszenierung, am ekstatischen Erlebnis vor allem romantischer Musik zutage.

Wissenschaftlich fundierte Raum-, Bau- und Psychoakustik einerseits, elektroakustische Technologien andererseits konnten sich seit ihren Anfängen im 19. Jahrhundert umfassend entwickeln. Musikalische Kunst und Unterhaltung haben sich dementsprechend tiefgreifend gewandelt. Die ästhetische Lebensgestaltung ist im Zuge auch dieser Prozesse nicht nur im Allgemeinen eine strategische Angelegenheit geworden. Einige spezifische Veränderungen des Musikwesens dürfen in der gegenwärtigen Perspektive keinesfalls außer Acht bleiben.

Interpretation und Ausführung eines Musikwerks sind nun nicht mehr nur als aktuelle Ereignisse fassbar. Ihre architektonisch gesicherte, elektroakustisch gesteuerte Reproduzierbarkeit lässt diese Momente deutlicher denn je als Aspekte der Kunst selbst erscheinen, nicht nur als Qualitäten ihrer spannungsreichen Vermittlung. Künstler und unterhaltender Virtuose sind insofern deutlicher denn je unterscheidbar.

Die ästhetische Ökonomie eines musealen Konzertwesens ist auf diese technisch bedingte Objektivierung von Interpretation und Ausführung angewiesen. In dem Maße, wie sich musikalische Erlebnisqualitäten, gebunden an einen Kanon überlieferter Werke, nachhaltig identifizieren und innovativ variieren lassen und sich die Kunst der Musik in eine Kunst musikalischen Verstehens verkehrt, erscheint es legitim, diesen Kanon auf diese historischen Werke zu beschränken. Der Konzertsaal ist unter solchen Umständen nichts anderes als das aktuelle Komplement des Tonstudios. Seine klanglichen Qualitäten werden unter diesen Bedingungen nicht grundsätzlich, sondern mit Sinn für eine mögliche Aufzeichnung hervorgehoben.

In einer technologisch ausgerichteten Kultur kontrastieren Kunst und Unterhaltung recht offensichtlich miteinander. Ihre disparaten Zielsetzungen, zum einen die gemeinsame Verinnerlichung autonomen Ausdrucks, zum anderen das hier und jetzt intensive Erlebnis gemeinsamer Wahrnehmung und Bewegung, erfordern unterschiedliche ästhetische Strategien. Allerdings konvergieren die Alternativen in der Apotheose einer gemeinschaftlichen Subjektivität, die sich auf ihre kulturellen Bestände verlässt.

Metaphysik der Klänge und Räume

Musik und Architektur haben im frühen 20. Jahrhundert grundlegende Neuerungen erfahren. Wie in bildender Kunst und Literatur kam es auch hier zu bahnbrechenden Innovationen. Die Möglichkeiten, auf verbindliche Art künstlerischen Ausdruck zu schaffen, wandelten sich radikal. Nicht dem Erlebnis, den Werken und ihrer ästhetischen Struktur galt abermals das erste Interesse. Der Gegenstand künstlerischer Erfahrung wurde neu entworfen, und fremde Sprachen der Kunst setzten sich durch. Es wurde unabdingbar, sie zu erlernen. Noch heute ist diese innovative Freiheit maßgeblich.

Jener erhebliche Aufschwung brachte indes keine Abkehr von Traditionen, geschweige denn einen Bruch mit historischen Bezügen mit sich. Auch im Verhältnis zwischen Architektur und Musik dienten pointierte Rückbezüge der gesteigerten Verbindlichkeit des eigenen Aufbruchs.

Auf Tourneen in den USA und durch Europa gelang es der eminenten Cembalistin Wanda Landowska schon bald nach dem Ersten Weltkrieg, ihrem geradezu barocken Instrument erhebliche Geltung zu verschaffen. Sie nutzte ihre Einkünfte, um sich nahe Paris in Saint-Leu-la-Forêt, neben ihrem Wohnhaus, eingebettet in eine Gartenlandschaft, einen kleinen Konzertsaal bauen zu lassen. Bis in die Anfänge des Zweiten Weltkriegs gab sie hier in den Sommermonaten jährlich zwölf Meisterklassen und zwölf Konzerte. Einem avancierten Publikum erschlossen diese Veranstaltungen den Reichtum der Kammermusik vor allem aus der Zeit vor der Wiener Klassik. In den letzten Einspielungen von Sonaten von Domenico Scarlatti, die hier 1940 entstanden, ist im Hintergrund die näher rückende Front zu hören. Wanda Landowska konnte über Südfrankreich und Lissabon in die USA fliehen.

Garten und Gebäude wurden in strengen Proportionen und dennoch elegant von dem Pariser Architekten Jean-Charles Moreux entworfen. Der Briefwechsel zwischen der Cembalistin und ihrem Bauherrn bezeugt eine intensive Zusammenarbeit bis in Details. Zur Eröffnung des Saales am 3. Juli 1927 spielten Wanda Landowska und Alfred Cortot vor 250 Gästen auf zwei Flügeln zunächst ein *Concerto a due cembali certati* von Johann Sebastian Bach, vermutlich BWV 1061a in C-Dur. Zum Abschluss wurde eine Sonate für zwei Klaviere von Wolfgang Amadeus Mozart, wahrscheinlich KV 448 in D-Dur, gegeben. Den mittleren Teil des Konzerts bestritt in erster Linie die Cembalistin. Unter anderen kamen Werke von François Couperin, Jean-François Dandrieu, Jean Philippe Rameau und Bernardo Pasquini zur Aufführung.

Der Saal in Saint-Leu-la-Forêt gehört in der europäischen Kulturgeschichte zu den sehr wenigen Räumen für Musik, die ausdrücklich auf ihre natürliche Umgebung Bezug nehmen. Eine Fensterreihe an der Längsseite des Saales und auch die lichtdurchlässige Dachkonstruktion verweisen deutlich auf den Garten und seinen Kosmos. Manche Konzerthäuser wurden zwar durch Pavillons und Parkanlagen ergänzt, in denen man in der Tradition der *Vauxhall Gardens* und *Tivolis* unterhaltende Musik spielte. Das Eröffnungsprogramm der Tonhalle Zürich dokumentiert diese Art Ergänzung. Wanda Landowska und Jean-Charles Moreux schufen hingegen ein Gebäude, das in eine erhabenere Tradition zurückweist. Auch die zum Park hin offene Steinfurter *Galerie des Concerts* von 1741 könnte ihr unter Umständen angehören. Gewiss ist es nicht.

Zweifellos versetzt aber das Paduaner *Odeo* von Alvise Cornaro die Aufführung von Musik, zumindest mittelbar, in einen natürlichen Raum, in die Natur als eine vitale Umgebung. Und für den Konzertsaal in Saint-Leu-la-Forêt ist belegt, dass er von denen, die darin musizierten, in diesem Sinne erlebt wurde. Der Komponist Francis Poulenc schrieb für Wanda Landowska ein Konzert für Cembalo und Orchester, an dessen detaillierter Ausarbeitung sie beteiligt war. Es wurde am 3. Mai 1929 in der *Salle Pleyel* von der Cembalistin und dem *Orchestre Symphonique de Paris* unter der Leitung von Pierre Monteux uraufgeführt. Der Komponist gab dem Werk den Titel *Concert Champêtre*. Es verweist somit deutlich auf den ikonografischen Topos eines ländlichen Konzerts, der aus der oberitalienischen Malerei spätestens der ersten Hälfte des 16. Jahrhunderts bestens bekannt ist.

Auch der Philips-Pavillon der Brüsseler Weltausstellung von 1958 bezieht Architektur und Musik auf ein vitales Naturverständnis. Nur geschieht es zum einen heimlicher, zum anderen drastischer als in jener Ländlichkeit.

Als der Architekt Le Corbusier seinen langjährigen Mitarbeiter, den Architekten, Ingenieur und Komponisten Iannis Xenakis, bat, einen Pavillon unter anderem für das *Poème électronique* von Edgard Varèse zu entwerfen, gab er ihm vor, die Gestalt des Gebäudes solle sich aus der Form des menschlichen Magens ableiten. Der Entwurf des griechischen Komponisten nimmt das Schema des vitalen Organs und seiner Bewegung zum Anlass einer geometrischen Konstruktion.

Die formale Lösung der architekturalen Aufgabe verweist ihrerseits auf eine musikalische Problematik, die den Komponisten zu seinem ersten Hauptwerk führte. Iannis Xenakis hat die Entsprechung zwischen klanglicher Bewegung und Raumgestaltung bündig erläutert: »Im Philips-Pavillon verwirklichte ich den Grundgedanken von *Metastaseis*. Wie in der Musik, so war ich hier an der Frage interessiert, ob es möglich sei, von einem Punkt zu einem anderen zu kommen, ohne die Kontinuität zu unterbrechen. In *Metastaseis* führte mich dieses Problem zu den Glissandi, während beim Philips-Pavillon das Ergebnis die hyperbolischen Parabolformen waren.« Materiales und formales Naturverständnis finden gemeinsam künstlerischen Ausdruck. Die antike Tradition einer metaphysisch begründeten, einheitlichen Gestaltung in Musik und Architektur wirkt hier verallgemeinert nach.

Ausstrahlung

Auf dem Hintergrund einer vitalen Natur kann Architektur als Mittlerin und Entsprechung von Musik erfahren werden. Die Art, in der sie gemeinsam ästhetische Räume prägen, erschöpft sich darin jedoch nicht. Die äußerst reichhaltigen Kompositionsmöglichkeiten zeitgenössischer Musik erlauben es, ihre räumliche Gestalt zu einer essenziellen Bestimmung der Werke selbst zu machen. *Ausstrahlung*, eine der späten Kompositionen von Bruno Maderna, weist schon mit ihrem Titel auf die räumliche Entgrenzung hin, die das Werk so entschieden zum Ausdruck bringt. Die Komposition für weibliche Stimme, obligate Flöte und Oboe, großes Orchester und Tonband auf religiöse und lyrische, altindische und altpersische Texte kann als ein bewegliches, in vielfacher Hinsicht unbestimmtes, deshalb jedoch nicht unvollendetes Werk aufgefasst werden.

Während einige seiner Partien bis ins Detail festliegen, sind andere weder in ihrer Reihenfolge noch in sich noch in der Art, wie sie einander durchdringen, vollständig vorgegeben. Sieben, von Maderna als *Ausstrahlungen* oder *irradiazioni* bezeichnete Abschnitte bringen jeweils Teile des Orchesters, gelegentlich die Soloinstrumente und die Singstimme zur Geltung. Die Passagen des Tonbands und der Sprechstimme, die jene Werkphasen partiell überlagern, sind hingegen festgelegt. Die Passagen für obligate Flöte und Oboe wurden sogar als eigenständige Werke veröffentlicht.

Wie aus einem Raum jenseits der aktuellen Aufführung werden vom stereofon komponierten Band her die Texte der indischen und persischen Antike fast ausschließlich im Original gesprochen, während die körperlich anwesende weibliche Sing- und Sprechstimme englische, französische, italienische und deutsche Übersetzungen rezitiert.

Die Freiheiten, die Dirigent und Musikern in der Fein- wie in der Gesamtstruktur des Werkes eingeräumt sind, der Kontrast dieser Ausstrahlungen zu gänzlich festgelegten Partien wie auch die gesonderte Anordnung einzelner Instrumentalgruppen im Konzertraum führen nun allerdings nicht zu einem völlig heterogenen Werk. Das Klangmaterial unterschiedlichster Herkunft ist im Ganzen so reich an unmittelbar fasslichen Entsprechungen, dass ästhetische Gegensätze als übergreifende Wendungen, als Entgrenzung vorgeblich getrennter Räume dies- und jenseits der Musik erfahrbar werden. Der immanent räumliche Ausdruck des Werks ist offenkundig religiöser Art. Es entspricht seinem musikalischen Gehalt, dass die Uraufführung unter der Leitung von Bruno Maderna am 4. 9. 1971 in den Ruinen von Persepolis stattfand.

Darstellung und Ausdruck

Der ästhetische Raum, in dem Musik als Kunst zur Geltung kommt, ist vorrangig eine Sphäre gültigen Ausdrucks. Darstellungsverhältnisse werden darin nur untergeordnet maßgeblich. An der Schwelle zur Musik lässt sich selbst der Übergang zwischen artikulierter Darstellung und reinem Ausdruck in seiner ganzen Radikalität künstlerisch gestalten. In diesem Sinne ist etwa in Alvin Luciers *I am sitting in a room* der ästhetische Raum Gegenstand als auch Medium eines klanglichen Kunstwerks.

Einer seiner wesentlichen Bestandteile ist ein Text, der es lapidar beschreibt: »Ich sitze in einem anderen Raum als dem, in dem Sie jetzt sind. Ich nehme den Klang meiner Sprechstimme auf, und ich werde ihn in den Raum wieder und wieder zurückspielen, bis die Resonanzfrequenzen des Raumes sich so sehr verstärken, dass jede Ähnlichkeit mit meiner Stimme, abgesehen vielleicht vom Rhythmus, zerstört wird. Was Sie hören werden, nun, es sind die natürlichen Resonanzfrequenzen des Raumes, artikuliert durch Sprechen. Ich halte diese Aktivität weniger für eine Darstellung einer physikalischen Tatsache, eher für einen Weg, alle Ungleichmäßigkeiten zu glätten, die mein Sprechen haben könnte.« So, wie das Werk sich selbst darstellt, artikuliert es allmählich, und nahezu musikalisch, wie natürlich es zum Ausdruck kommt. Es käme einem Wunder gleich, ließe sich Luciers Komposition wahrhaft umkehren.

Die Wege, auf denen sich der Mensch zu einem kulturellen Wesen gewandelt hat, entziehen sich einer angemessenen Darstellung. Aber die Sprünge, in denen der Mensch sich über sich selbst erhebt und doch auf nichts anderes als sich zurückfällt, erschüttern das kollektive Bewusstsein weiterhin. So nah und vertraut klingt die natürliche Umgebung, an der man Anteil hat, und doch ist sie unzugänglich – nicht, weil man sich ohnehin darin aufhält, sondern weil man sie nicht eindringlich erleben kann. Von der Natur weiß man. Man kennt sie, aber erlebt sie nicht, allenfalls die Art, in der sie befremdet.

Die öffentlichen Räume der Kunst, zu denen auch die Konzertsäle gehören, sind insgesamt Räume, die nicht über sich hinausführen. Sie markieren Orte reflektiertesten Ausdrucks, des imaginären Erlebens. Aber sie führen zurück in die Welt eines gesellschaftlichen Lebens, das sie eröffnet hat, sie vielleicht erhalten wird.

Zu den elementaren Leistungen jeglicher Kultur gehört die Gliederung ihres Raumes. Selbst der reine Klang, den die Musik heiligt, weist zurück auf ein Leben in sprachloser Verständigung – auf eine Welt, in der sich der Mensch eingerichtet hat, von der er sich wohl nicht befreien kann.

Music Spaces

Michael Astroh

We lay there without moving. But under us all moved, and moved us, gently, up and down, and from side to side.

Samuel Beckett, *Krapp's Last Tape*

Architecture forms, separates and connects places. The resulting spaces articulate how communal ways of life are organized. Music fills such spaces, be it in the open air or in buildings. It is created and performed as sound, set in an architectural environment. On the one hand, all music bears within itself the spatial order of life which gave birth to it. On the other hand, it opens up and crosses the borders of its genesis. This does not always meet with approval – on the contrary. It is often easier to avert an ugly sight than noise or what we consider dissonant.

Architecture does not only serve to protect us from unwelcome or even harmful experiences. It enables experiences of a particular kind; it also stimulates, differentiates and transposes them. Architecture contributes to the spatial manifestation of a cultural life that is realized as an exchange of signs, goods and services. It stamps its character on the places where people perform such activities or simply rest. It determines to what degree these places are, or can be, public or private spaces. It prescribes passages and thresholds. It suggests which places may be reached by which routes, or are unreachable; which spaces cannot be entered, or cannot be left.

Music gives form to expression in sound in such a way that a community appreciates it. In many different ways, music is an impulse to motion. It belongs to dance and entertainment. Political, religious and social rituals make use of its effects. It is part of film and theatre. Music creates and encourages moods. Department stores, railway stations, hotels and hospitals exploit it. Not all places in the landscape and world of a culture are equally suitable for music or for particular kinds of music, and it is not permitted everywhere. The way in which music affects human experience and behaviour determines how it is associated with places where it is played.

Concert halls embody an extremely concentrated relationship between architecture and music. They are built so that music as such can be performed in their rooms. Therefore the significance and history of this kind of building can be properly understood only if the necessary concepts of aesthetic space, art, science and life-world have been discussed in sufficiently general terms.

The Historical Dimension

Human orientation in perception and motion is natural in origin. Our possibilities of confronting and coming to terms with a world like our own are, however, acquired and trained in society. Therefore to what extent and how these are available is determined by the changes a culture undergoes throughout its history. In particular, technical innovations exert a great influence on our experience, attitudes and behaviour. How we relate to sounds and noises in everyday life is no exception. The invention of pocket watches took away much of the meaning of the chiming of clock tower bells. The increasing use of mobile phones has stimulated the desire for quiet zones on trains. The culture of perception and motion is changing radically, albeit only gradually, sometimes as such a matter of course that we do not at first realize what a lasting effect this will have on our lives.

This lack of clear caesuras should make us cautious. Ways of life develop, intertwine, blend and separate. The transitions are often only partially visible. Clear distinctions prove to be merely the result of their description after the fact. When for instance, is it correct to say that a group of people is present at a concert? Of course it is true of the audience attending one of the traditional New Year's concerts at the Vienna Musikverein. But would the international TV audience count, too? Is a group of people listening to an electronic composition from loudspeakers high up in a dark hall a concert audience? What about the inhabitants of Leipzig who, at the end of the 18th century, heard symphonic music in the New Gewandhaus while sitting face to face and chatting, but also paying attention to the orchestra? What is a concert hall if the characteristics of its musical performances only gradually develop, and may be lost due to technical innovation? Like these kinds of events and objects, the means employed to describe them are subject to change. Would the ›Musick-Roome‹ designed in 1676 by the English writer on music Thomas Mace be called a concert hall today? Concerts often take place in venues which are also used for other kinds of events. Such cultural and congress centres, for example, are not usually spoken of as concert halls, although they fulfil the purpose.

These difficulties clearly indicate problems both in the matter itself and in the conditions of its portrayal. Unanimous solutions are surely not in the offing. After all, we are dealing with historical phenomena, and, like everything human, this requires a certain measure of reflective sensibility.

An Integrative Understanding of the Arts

Music and architecture are autonomous forms of art which affect our perception and movement in different ways, yet together. They complement each other. A concert hall brings together music and architecture. The meaning and content of such an inevitable encounter requires an integrative understanding of art. To explain this, we have to systematically consider how works and forms of art make an impact, on the one hand individually and on the other hand with reference to each other.

Obviously art manifests itself ambivalently. It is part of a cultural environment, where it is conspicuous in itself. Like everything that can be experienced, works of art appear in the articulated space of public perception and movement. Not to see them as autonomous objects is to be mistaken about their aesthetic nature. Their ability to point beyond the world that their audience lives in depends on how independently they address the audience. They confront the spaces of everyday experience in which they gain acceptance with the spheres of their own experiences, integrating their context in themselves. Thus, on the level of merely coping with life but also *beyond this, works of art enable us to participate in worlds of experience, whose isolated manifestation gives expression to fundamentals of human life experience as such.*

The possibility of being mistaken about the artistic nature of such works presupposes that they are perceived as part of a world of everyday experience. The way in which they are aesthetically situated there gives works of art decorative value. How they appear, even if they disturb us, encourages us to organize their cultural contexts comprehensibly and give priority to them. Their integrative aesthetic sense is the substance of what was traditionally referred to as decorum, in its many senses. The way in which works of art appear valuable helps the circumstances of human life to gain at least a valid expression. It does not, however, make these into final circumstances.

Buildings, for example, which for their part may count as works of art, will help to make the urban landscape in which they appear a pleasing one, structuring it, often in a striking way, often just unobtrusively offering orientation. Artistic architecture can, and indeed must, serve decorative purposes in the way mentioned. Urban architecture such as Hendrik Berlage's Commodities Exchange near Amsterdam Centraal railway station illustrates this ambivalence perfectly.

Music which is already in itself worth hearing can also function within other more extensive works of art, giving them contours. In a film, for example, a musical quote can heighten the intensity of the sequence of images. This was Martin Scorsese's aim in using extracts from works by Giacinto Scelsi in Shutter Island. *Decorative tasks can also be performed with music: signature tunes are an effective way of announcing time checks as well as radio or TV programmes.*

The aesthetic integration of different arts is no mean creative option. For art is produced and survives only in a lively exchange with its life-world basis. This requirement is fulfilled particularly by the aesthetics of concert halls and of venues for events of all sorts. Its cultural phenomenon and design possibilities can be identified only from the perspective of an integrative view of the arts.

REPRESENTATION

How music and architecture can interact on an artistic level derives from how they resemble each other as arts. They are both distinguished from other arts by being hardly suitable for representing anything.

Buildings often quote other buildings, but they do not represent or picture them by means of the significant similarities on which these quotations rely. Thus works by Inigo Jones frequently relate to works by Andrea Palladio, but they do not depict them. On the other hand, a concert hall in the form of a monumental Stradivarius violin might seem ridiculous. The symbolic representation does not derive from the urban situation and aesthetic purpose of the building. For this reason, Renzo Piano's design for the Auditorium delle Arti *in Bologna is restricted to an association of ideas, without copying the model.*

Music claiming to present a programmatic content creates acoustically moving images. Only if we know the headings provided by Jan Ladislav Dusík for the individual parts of his piano work The Sufferings of the Queen of France *can we experience the composition as a representation of the imprisonment and execution of Marie-Antoinette. The subtitle also tells us that it is a musical composition ›expressing the feeling of the unfortunate Marie Antoinette during her imprisonment‹.*

Auditory images can at most impress us with their direct vividness. Hearing a partita by Johann Sebastian Bach, one could take it as a representation of how someone plays the violin or the harpsichord. From the acoustic image, however, only those who are themselves proficient on the instrument will be able to infer the movements of the musician playing. Only for a few sounds and noises are we able to experience perception and motion in vivid coordination, as if we were observing an object blindly. We hardly ever listen to something with such focus that we could deliberately behave appropriately towards it. This correspondence seems to be given only on seeing a body.

A visible object usually appears to be comprehensible. If we see it, we know how to handle it. It is through constant changes that what we hear shows the presence of a body. We hear breathing and already know enough. The form that makes its presence felt through sound has its location and its volume, but it is not yet perceptible as a body that presents limits to our own conduct. Only vision and touch allow resistance to be effective. It is only in their spheres that convergence and separation can physically succeed or fail.

MOVEMENT

Representation is equally unimportant, even foreign, to architecture and music. However, as with all arts, an excellent relationship with physical, communally perceptible motion and rest is essential to both of them. An architectural environment articulates possibilities for reaching, leaving and staying in places in a coordinated way. Music primarily works with selected sounds and noises, i.e. specific ranges of what is audible. What we hear, however, primarily expresses movement in a living world of comprehensive experience.

Therefore a lifeless object emitting noises provokes astonishment. In 2001: A Space Odyssey *Stanley Kubrick suggests that, without moving, a black monolith radiates György Ligeti's* Lux Aeterna. *The colour of the block and the title of the music indicate that the director was aware how highly charged his motif was.*

Architecture and music are equally involved in dance, an art which offers opportunities for incantatory, suggestive expression rather than for miming

Odeo Cornaro, Padova, Querschnitt. Sebastiano Serlio: Tutte l'opere d'architettura di Sebastiano Serlio Bolognese, Venetia, 1584

representation; an art in which the threshold between participation and observation is low, and the experience is articulated mainly by the community involved.

However, neither qualities which both arts lack, nor ones that they share with others, suffice to determine their relationship to each other. What specifically links them as arts must thus be discussed in more detail.

Architecture and music can be comprehended only if we start from a distinct perception of communal physical movement. Without a developed sense of our own rhythm and, at the same time, external rhythm, they do not live for us. The distribution and intervals of auditory and visual impressions are in each case bound to a horizon of communal movement. Individuals are involved to the extent that, as members of communities, they have learned to experience and articulate their more or less personal individuality.

Architecture and music are equally arts of transformation in motion. They both count on physical possibilities and limits in order to give lasting form to this transformation and experience it communally. Otherwise it would not be an artistic challenge to design architecture suited both to a modern transport system and to the undeniable needs of pedestrians. Otherwise, it would be aesthetically irrelevant to compose electronic music without being able and willing to take account of how it might be appreciated in public.

Since the beginnings of electronic music, its lack of performing practice has been understood as an architectural challenge. The Philips Pavilion *designed by Le Corbusier and Iannis Xenakis for the 1958 Brussels World Fair and Edgard Varèse's* Poème électronique *of the same year was the result of close cooperation between the artists. The presentation of the music in the building with its 350-odd loudspeakers had the character of a musical installation rather than that of a performance in a concert hall.*

Expression

Works of art do not have to represent anything, but they cannot be devoid of expression. The relationship between music and architecture is a function of their possibilities for expression. How this is realized in a particular case decides whether they may complement or detract from one another. Literature, film and painting show that representation and expression are compatible. Two films, for example, may represent the same story while differing greatly in their expression. This is the artistic challenge of a remake. Music and architecture, on the other hand, reveal that, at least artistically, representation and expression are independent of one another.

Even in highly sophisticated languages, we can only attempt to describe what a piece of music or a building expresses, unless we mean the expression of well-known feelings. With a little patience, however, it is possible to describe works of the various arts in such a way that it becomes clear what is responsible for their specific form of expression.

This not only linguistic but also intellectual difficulty makes it all the more urgent to discuss in general terms what expression consists of at all. An appropriate definition of artistic expression can be elaborated only from the insight that all art depends on the mutual perception of motion. In a first, basic sense, expression may be understood as everything about a shared physical motion that allows the participants to perceive it as such. Expression in this sense is nothing other than the possibility of interacting with one another in such a way that this interaction may be continued, ended or begun anew.

Salutations and dance illustrate this understanding of expression quite clearly. All kinds of competition and cooperation are equally dependent on reliable forms of expression. Thus neither linguistic nor pictorial representation are possible without them and continue to depend on them as they progress.

Representation and expression are equally aspects of deliberate orientation. They are interdependent. It is not possible to consider something true if it is not clear how it matters. Conversely, any articulated commitment is pointless without at least supposed knowledge. This opposition determines the horizon within which art and science find their purposes. They represent the limits of human experience and action.

Representation leads to confrontation with world conditions. These decide what information value their representation has in a particular case. Expression leads to participation in social activity that is realized in physical motion and perception as shared experience. The value of valid expression lies not in the correct reproduction of world conditions, but rather in an appropriate contribution to forming them socially. Representation is essentially a means of cognition; expression; serves a way of life.

Artistic Expression

Artistic expression can be defined very generally as giving form to life-world expression. Community life is not limited to itself as a process. The wealth of forms it gives expression to which are subject to it; they change and develop in it – they may even be deliberately formed. Values that count for the simple business of community life in the present are articulated within it in various ways, yet are experienced communally. The sartorial side of a culture, with its customs and fashions, illustrates for differing social positions and occasions in how detailed a manner one can intensify the mutual experience of separately taking part in the same social life. Inclusion in and exclusion from particular spheres of a social world take on an aesthetic form in it. We show that we are in a particular relationship to one another depending on our position and function, but we do not express this in words.

Artistic expression in the narrower sense goes beyond the forming of communal ways of life. Aesthetic presence and its perception are an effect of art. It counts publicly. Yet its value is not limited to the cultural events on which it can put its stamp. Art is concretely constituted. Works of art are objects that have been created primarily for the sake of what they express and in order to be noticed publicly. As models or media serving to create or repeat cultural events, they are at best indirectly relevant. A piece of music like Webern's Six Pieces for Orchestra, Op. 6, or paintings like La Danse (1909) or La Musique (1910) by Henri Matisse receive attention primarily as such: they count in themselves. Unlike fashions or decorations, they are primarily objects, not means or media of aesthetic orientation. Only to the extent that they themselves are appreciated is it possible to identify them appropriately.

For so-called classical music, quite a few singers and some violin virtuosos propagate forms of concert with a popular appeal, disregarding the identity of the works performed. It is surprising how much the ideology of their practice supports an objective understanding of art. For these soloists usually justify their approach as a kind of compensation. The satisfaction of emotional needs or the fulfilment of didactic obligations, so it is said, require an undeniable lack of artistic concentration. If the artistic demands of concerts are lowered, this in itself apparently tends to stress the general validity of such demands.

The Social Phenomenon

The reliable representation of objects may give us knowledge of them and make them technically available to us. The interaction between an object and its representation, as we experience it, gives rise to forms of communal perception and contemplation which lead to appropriate assessments. All competition in the acquisition of knowledge and power draws on public media for representation. These enable the participants to deal with the conditions of life as allies or as rivals.

Works of art are, however, only indirectly relevant as objects of cognition or as property. Art does not discuss what really is the case and how it supposedly is. In particular, it does not explain why it is how it is. Works of art at least do not primarily claim to represent reality. Above all, they embody realms of expression. Their value therefore lies in helping us to experience community and sociability. They count as forms of valid participation, not as forms of justified confrontation with objects of a particular kind.

Active participation in a social life is an essential precondition of all self-awareness and self-formation. Individuals and groups acquire, preserve and lose their existence in a shared world, to which as such they pay attention only in passing, although it reaches into their private and intimate spheres as a determining factor. All culturally essential abilities enabling us to act purposefully, are developed against this generally valid, background. How they become influential depends on this fundamental prerequisite, not least in the public experience of music. Forms of reciprocal intercourse in which the participants not only become active together but also show that it takes place, and how, are not composed of individual initiatives, reactions and counter-reactions. Reciprocal action takes place in more general forms of communal, but variously accentuated, movement and perception. These require specific possibilities of expression which can be coordinated on a sufficiently constant basis.

For example, the musicians giving a concert and the audience listening to them take part with varying degrees of effort in a process which cannot exist without this differently articulated interest. The performance of music in a place dedicated to it, at a predetermined time, the reciprocal greeting in the form of applause and bowing, the silent attention to the concert, the performance of the works: each factor and stage in the proceedings has its own expression and counts in the way it both fits into and contributes to the larger context, influencing in turn other forms of expression.

In general terms, these are cultural achievements which may be attributed to individuals or groups and be seen as results of their initiatives, but whose particular value is constituted only by their joint, differently focused, yet coherently articulated, activity. Without this requirement no one involved in a social process could fail in it. Everyone who belongs to a community must share its way of life.

Just as other forms of communication, the public production, presentation and reception of art depends on a comprehensive differentiation of shared, and above all reciproca, modes of intercourse. The development of political objectives, religious ceremonies or the making of academic or legal judgments illustrate for their part how social processes are aesthetically organized, and how media and means of reciprocal expression are used or created which may be adapted to the evolution of their goals.

The Life-World

What is externally accessible to humans, and partly available to them, appears in the way its environment allows it to, here and now. However it is not limited to this, and cannot be reduced to it. Objects do not appear only as effects of their circumstances. As such they would not be at all perceptible. The appearance of a bird flying past corresponds at every moment of its flight to the phenomena of light as seen by an observer. In all these transformations, however, it retains its own form. In a flowing sequence of transitions, this asserts itself as such.

Objects of external experience become relevant in the spaces in which their appearance constantly changes. On the one hand they themselves are responsible for their appearance, on the other hand their environment is. How a bird flying past appears to those who perceive it results from a complex set of factors. At least the bird, the landscape in which it flies and the people who – perhaps communally –

see and appreciate it are involved in the nature and limitations of its more or less valid appearance. Thus there are places where it is particularly impressive to observe birds flying past, but there are also people who are experts at such observation, and also birds whose flight is particularly striking.

Objects are aesthetically relevant depending on how they appear and count in a life-world. A mountaineer climbing perceives birds differently from a man in a boat, even if they are the same birds. The ways in which they appreciate what they respectively see and hear are different. This discrepancy is not due to divergent judgments, but rather to what appears attractive, disturbing, fascinating or otherwise more or less tasteful to them and thus counts in the further course of their lives. The aesthetic value of these objects of perception thus lies in what is expressed in their appearance.

What a scientific observer perceives counts primarily for the sake of potential knowledge. In the experience of art, however, what is perceived counts as it appears in itself, possessing expression as such and resisting the march of life through the nature of its expression. Science distrusts appearances. It systematically attempts to find out what in them is authentic and a part of external or inner reality. Art, however, recognizes appearances themselves as valid. It forms them. Works of art are aesthetic objects, produced by technical interaction with an external world of experience, in order to become relevant in themselves through the specific way in which they appear.

Their artistic value is to be found neither in their material nor in the skill of their production, nor even in what they perhaps represent or embody. It consists in the nature of their appearance, in the way they express something. Their other qualities count only in so far as these determine their aesthetic value and thus their mode of appearance.

Very few aesthetically relevant objects are works of art. Most everyday objects become relevant because of the way they appear, the way they contribute to communal life. They lack intrinsic aesthetic value. for example, the way clothes furniture, or tools and media appear determines how we handle them and how we live together in this mediated experience. Thus there arise aesthetic life-forms which in their motile appearance show how and to what extent the world in which one participates is worth living in, how events, places and persons are there experienced as more or less valuable. To the extent that one loves life, one will try to embellish it, and only to the extent that this can succeed is the world in which one loves to live in fact worth living in, a cosmos, a beautiful order.

It emerges that the basic distinction between expression and representation does not only allow us to contrast scientific and artistic achievements. In the first place it enables us to systematically discuss what constitutes life-world. It is that field of experience in which objects of perception on the one hand present themselves in a provisional, not yet methodically reflected sense, and on the other hand count for a community as they appear.

To the extent that the expressive character of objects experienced in the life-world becomes more important, they become less comprehensible as objects in the experience of those involved; they still determine our physically moved experience, within this they can be grasped only in traces and hints, if at all. It is clear that the more strongly a human need for community is fulfilled in the experience of those involved, the more definitely they thereby lose their objectual appearance as people. Enthusiasm, self-forgetful participation, entertainment and also sport are clear examples of this elementary tendency, which is closely related to the experience of art, yet is also different from it. Thus it becomes clear against what backgrounds the experience of music becomes possible in appropriate spaces. And thus it may be understood how this experience attains a maximum intensity in a concert hall.

In genuinely artistic expression, an object's modes of appearance intensify so much that they become valid in themselves, standing out from their environment and the public, and are internalized as such. In the form of such expression there are sufficient occasions and reasons for abandoning oneself to it as a sensuous and meaningful order. It is so intensely and comprehensively self-sufficient that it may be regarded as a cosmos of its own kind. Such a heightened expression will bind to itself the environment against which it stands out and the public which takes notice of it rather than, conversely, subject itself to their terms.

Art offers its public autonomous worlds of expression. Anyone who can devote and abandon themselves to these becomes, as far as possible, indifferent to their own life-worlds. In the most fortunate cases, if the works attain basic expressive forms of a culture, and thus the meaning and experience of value linked to perception and motion, experiencing them can lead to a refining of accustomed attitudes to life. It must thus greatly weaken the autonomous character of art if its liberating potential is turned into commandments and force. The more technically the ways are established in which sound and music are produced, the greater is the danger that the works themselves only document this dependency aesthetically, rather than integrating it dexterously.

WORKS OF ART

Many, but not all, modes of experience are characterized by constant communal reference to fields of objects. The competence that consists in communally referring to objects with all the means that a living, physical existence has to offer is one of the crucial cultural achievements which humans have managed to produce. Without it, self consciousness and historicity, and also science and art would be unimportant to us. However, the particular risk with any objectual orientation becomes clear in contrast with achievements that do not, or hardly, take objects into account. Objectivity is, for example, detrimental

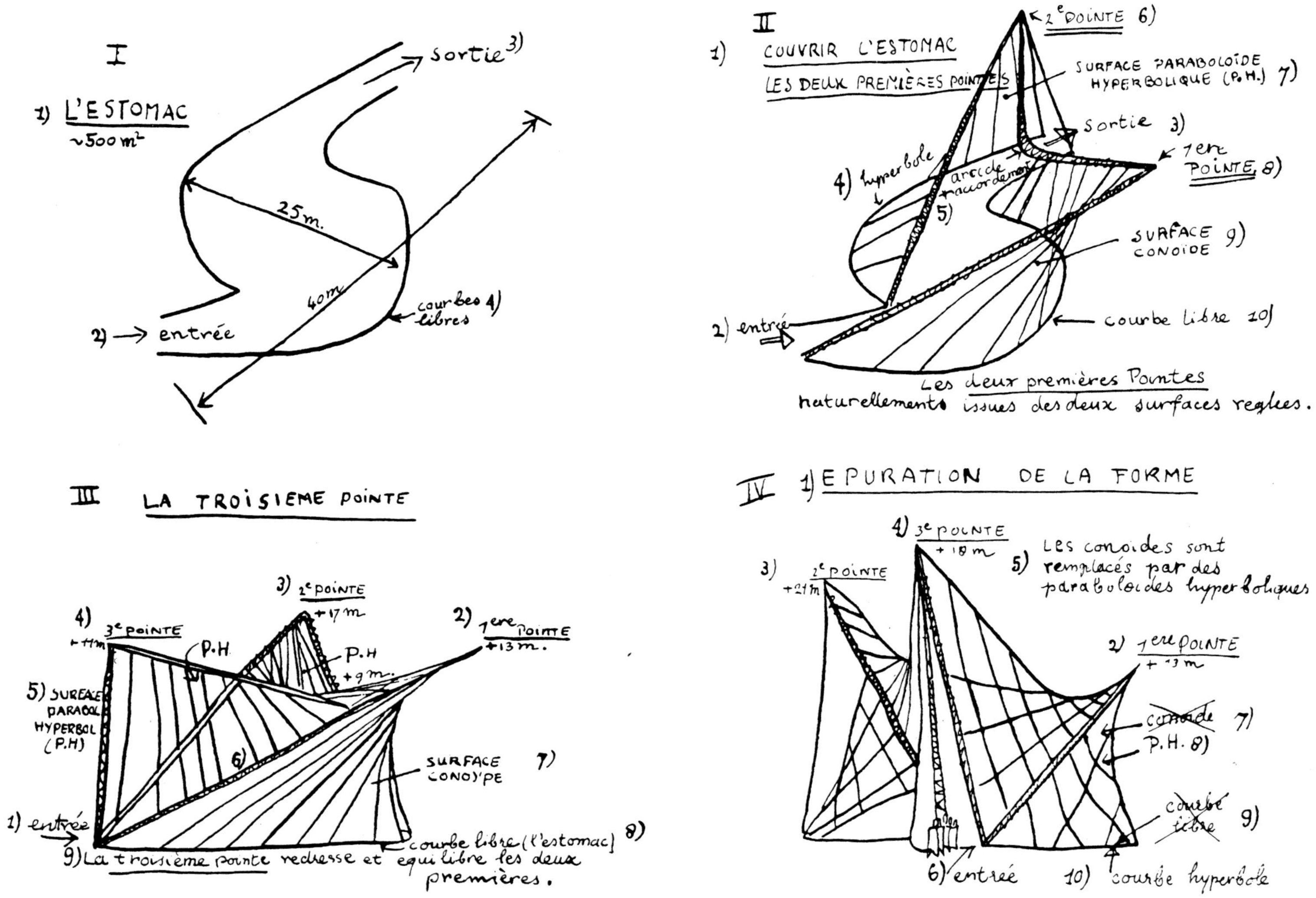

Iannis Xenakis: Pavillon Philips, Exposition Universelle et Internationale de Bruxelles, 1958

to children's play and presumably also to variety in erotic life. In these and similar spheres, commitment is of a different nature. This consists in expression, in the very act of experiencing, and is self-sufficient therein. Objecthood so easily demands transcendence and ideality, the philosophical opponents of immediate enjoyment, also of enduring pleasure and sorrow, without which a community is not alive.

Art presents itself in works. Artistic taste is linked to these, but not in the objectivizing sense that characterizes modes of judgment. Representation and confrontation are at most indirectly relevant in the field of art. Even when literature, film and theatre as well as some forms of fine art depend on the presentation of content, it is indisputable that their attachment to objects serves their expressivity.

The precarious status of forms of art such as caricature and satire, whose mode of expression is linked with content such as political or didactic concerns, illustrates the problem of this fragile balance. Not least, it points to the main artistic aim of this book.

Concert halls are the primary subject of this book. In themselves they embody the aesthetic task of putting music and architecture into a definite mutual relationship. However, the photographs do not just visually document exemplary solutions to this task. They derive their own artistic aspiration from the limitations of their medium.

A photographic presentation, not least of concert-hall architecture, has only visual means at its disposal. Only the alternation between exterior and interior views and between volume and void alludes to the movement which the pictures themselves deny us-yet presuppose. The point at which the photographer's perception comes to rest, yielding a picture, is the decisive factor. In the best case, he sees the autonomous composition of the embryonic picture in the way the motif appears to him. The viewer, too, will retrace the movement which transformed the motif into the picture. At the same time it immediately becomes clear to him how the subject of the picture grows out of the composition, hovers in it, but is not restricted to it.

In the reality to which the photograph refers, the concert hall is a realm in which music as such comes to the fore. Therefore in connection with concerts its architecture has only an indirect claim on our attention. It primarily provides spaces for music. Its portrayal in photographic art divests it of its medial purpose while paying attention to it in such a way that the viewer discovers the art of the rooms depicted. But even in this view they remain spaces for music. In the quiet contemplation which is intrinsic to the expression of the photographs, we can see that there is no music in the rooms we are looking at. When we notice how reservedly the pictures open up these rooms for us, we will discover the expression of their musical meaning not in their actual emptiness, but in the emptiness of their design.

However, expression is in the first place living expression, the medium of communal existence between everyday pleasure and ordinary pain, taking us as far as the inspired moments of our lives. But artistic expression manifests itself in objects, in works. It lacks the immediate enthusiasm of living expression engendered, for example, by sport or acrobatics, even though there are social constellations in which artistic expression may lead to direct exertion. The sphere of expression is one of variation and intensity. The transitions between art and entertainment and even diversion are therefore not clear-cut. Occasionally, concert halls are designed to serve this range of purposes both aesthetically and economically, using sophisticated acoustic technology.

Artistic expression arises and renews itself out of the conditions in a life-world. The social history of music very clearly illustrates impulses of this kind. Thus the emergence of public concerts in the 18th century depended to a large extent on fundamental cultural changes. Without innovations in transport and in the construction of instruments, without the organized training of professional musicians, without the social and economic, not to forget the political, rise of the bourgeoisie, this artistic achievement could not have been realized.

Howevers, not only the genesis and renewal of artistic expression remind us of the aesthetic sphere of the vernacular. Exploitation that trivializes artistic achievements and industrial marketing, these days often using electroacoustic advances, and electronic data processing too, are also both normal and usual phenomena of cultural life. People and events, things and their environments are thereby experienced not as such, but rather to the extent that they are involved in current events, emerge within the horizon of an interest and are forgotten. Indeed, without a certain lack of attention to objects we cannot participate in the fleeting feast of life. If we wish to accept our fellow humans, with their environments, and ways of life, as sensuously moved and moving phenomena, and if we should like to share a communal life of only limited independence with them, then we should disregard them and ourselves a little.

Judgement is nevertheless possible only at a distance. Only against the background of appropriate representation are objects recognized as such, only thus do they become accessible in their qualities and structure. The traditional admonition to cautiously distrust the appearance of things can be read as a maxim to maintain this distance on principle. Because of the deceptions and errors we have been and will be subject to, it appears indispensable to make objects available to others and also to ourselves. It is however out of the question to take this principle unreservedly into account. Social conditions of life depend on trust, and commitment can succeed only where deception and disappointment are also at home.

To the same extent that cognition and purposeful activity require reserve, communal life depends on trust. What attitude is appropriate in a particular situation can at best be judged from experience. Just as objects of cognition need to be considered critically, objects of art radically require that we abandon ourselves to them as they are, in other words that we take as much interest as possible in their presence, without degrading them to means of mere entertainment.

As with parks and galleries, a rapturous atmosphere, all too easily reminiscent of a museum, is no stranger to concert halls. The artistic fields that their architecture offers in a life-world are a realm of freedom. Their design will certainly meet some functional requirements, but must not only do this. For the arrangement and expression of this kind of building is in the first place intended to enable the audience to divest themselves of pragmatic attitudes. Just as viewing art in public, attending a concert is not a communally purposeful act aimed at achieving anything. Nor is the presence of an audience characterized only by communal abstinence, a kind of motionless silence that does not disturb the sounds. On the contrary: the concentration which ensues as if it were the result of a collective effort arises from the willingness to take in a musical work just as it appears in sound, to yield our own experiencing to it, oblivious of the self. In this way, it turns out that we take a common interest in it and in the way of being alive that the musical expression embodies.

Ideality

Human relationships themselves are mutable. Constancy of representation or expression is foreign to them. Affection and distance alternate. Priorities are urgent only with regard to circumstances. Human relationships are an everyday matter.

Science and art resist their inconstant present. Both endeavours have an idealizing streak. Supposed knowledge may perhaps be revised, true knowledge not. In a sensuously physical world, error and deception cannot be precluded. Objects of cognition are therefore accessible to scientific representation mainly as ideals.

Idealizing traits are not foreign to works of art, either. They appear openly to public perception and their essential value consists in this way of making themselves known. In contrast to all other expression, artistic expression does not serve to continuously convey living community, but opens up unconditional attention to a potential object of sensory experience for its own sake. The goal of this kind of reference is not lasting knowledge, but constant involvement, a living internalization of the object itself in public space. The nature of the work of art, however, sets limits to this kind of appropriation.

In a sensuously moved and moving world, experiences of assimilation and agreement cannot be lasting. Resistance to the provisional character of life tends to enhance its potential for destruction. Works of art make their mark as objects requiring unconditional attention, but they articulate their claim as an unfulfillable albeit defining task. The fascination with which uncompromising attention to art is experienced always includes the certainty that the work cannot allow complete fulfilment. Thus there arises the semblance of cohesion in expression, which always promises more profound and more comprehensive, or a new kind of, attention but leaves it open whether this can ever finally be achieved. Innovative interpretation of historical music, for instance in acoustically more suitable rooms, counts not least on this kind of openness. And a novel presentation of painting or sculpture, perhaps varying the decor, arrangement and architecture, illustrates this kind of aesthetic potential.

Works of art appear as existential ideals. No other category of objects of communal experience makes its mark in such a definitely sensuous way, yet so unattainably. However, to admire humans or other higher living beings, or nature as such, in a way appropriate only for works of art generally leads to disaster.

Both art and science account for objects in themselves. In their spheres, the mediating value possessed by objects in a culture does not count exclusively or even in the first place. Rather, they are prestigious according to the extent to which they set standards for an individual culture or for human culture as a whole. Scientific representation aims at truth. This is universally valid. With similar commitment, artistic expression aims at an independent manifestation. For scientific cognition not just truth, but truth which progressively leads to systematic knowledge is of prime value. With regard to art, our interest in the object itself is also guided by an inexhaustible characteristic, but in this case it concerns its expression. It has to appear in such a fascinating way that in public it counts as itself and only as itself, but precisely thereby immediately slips away. Just because of this indeterminately anticipatory aim, it will not be possible to create artistic expression according to aesthetic rules. Whether a work of art can be experienced in such a way that on the one hand it fits into its aesthetic environment but on the other hand proves to be an autonomous phenomenon – for the same reason, this question can be answered only by engaging with the works themselves.

Prescribed, guiding ideas are foreign to art. Its existential ideality is an essential aspect of the physically perceptible way in which its works count, also revoking themselves in it. How a particular art, for example music or architecture, develops and appears in a culture determines how it relates to other arts and to other experiential contexts. An integrative understanding of art as sketched here allows us to explain how concert halls contribute to the public existence of music, sometimes in competition with other venues.

Autonomy

Art grows out of stylizations that occur without objectual aspiration. Solemnity and decoration may be expressive phenomena in the broadest sense, but they are not yet forms of art. Expression in dance powerfully illustrates how an aesthetic phenomenon of social life can lead to an art. Thus in the most bril-

liant choreographies of the 20th century the genesis of ballet and dance out of a phenomenon of archaic life was always clearly recognizable.

An art's origins determine what areas of human perception and movement it particularly addresses in order to provisionally fix its generic limits and accordingly define forms of ideal reference. If, for instance in the occidental tradition, an art of pure sound or architecture develops, domains of artistic objecthood are defined so decisively that it is only with the greatest effort that forms of art can be established in which the organization of space and sound may be factors of equal importance. Among others, Karlheinz Stockhausen drafted works of such a kind, and in some cases was able to realize them. However it never became a tradition.

In European culture, architecture and music have as a rule developed as autonomous arts. Yet music depends on spaces which on the one hand promote its value as entertainment or splendid ornament, but on the other hand are appropriate to its artistic value. Conversely, architecture can rely on relationships of sounds to emphasize its structuring.

The artistic sovereignty of these two arts thus demands that where interference is unavoidable, each can take on the role of an aesthetic context for the other. How and to what degree can a building present itself as an architectural environment that manages to allow a musical work as such to come into its own? Conversely, what music, understanding itself to be art, could help an example of architecture to appear as a work of art? What forms of artistic success and insufficiency are possible or to be expected within these horizons of aesthetic integration?

Even on the life-world level, sound events and architectural conditions are already closely related. This general, cultural sphere, however, lacks the work of art's ability to present itself as an absolute point of reference. The spheres of the life-world lack the claim to exclusive validity, which marks art out from other social phenomena. Consequently the general question arises of how one type of art can enable or enhance the presence of another, where they both equally make use of the effects of other arts?

Challenges of this kind contain other risks than the ordinary requirement of aesthetic arrangements – that of harmonious assimilation in which forms of entertainment, for example, complement each other and support each other in their aims. Thus it would be a ridiculous misunderstanding to regard a multimedia pop concert as an occasion for listening to pieces of music that need to be understood with lively participation. However comprehensively and sophisticatedly this kind of aesthetic event may be produced, its qualities primarily serve its effect, the intense, sensory experience, the vehement presence itself. Works that appear publicly and integrated into the life-world are not appreciated as such, even when their compositional quality would allow it. Artistic innovation is structurally more radical than the transformations of fashionable arrangements.

If a new form of art arises that uses techniques of established genres, it will develop into an independent genre only when its works aesthetically evince objectual unity and it credibly shows itself to be artistically sovereign. Opera, film, happenings and installations exemplify this expectation in different historical contexts. In the relationship between architecture and music, however, not only analogous challenges can set the standard. The architectural presentation of Edgard Varèse's Poème électronique, *for example, lays claim to an autonomous character as a work of art. The architecture of concert halls, on the other hand, does not aim at an equally original form. Buildings which serve to present art, however, do not for this reason have to be mere functional constructions of the same type as sports venues or amusement centres.*

Critics of culture have often wanted to unmask bourgeois concerts as a ritual in which a particular social class celebrates its own rise in an almost religious way. Regardless of the social-historical justification of an aesthetics that is critical of ideologies, attention must be drawn to the cultural achievement, which is illustrated not least in the development of public concerts and their architecture. Since the 18th century not only science but also art has gradually achieved public recognition. This development has produced a form of urbanity, including the elaboration of appropriate forms of perception and communication, which has made human self-understanding aesthetically and intellectually a public matter. The space in which the generally committed representation of knowledge and its responsible use take place is at the same time the space in which ways of life are not only realized but are articulated individually and as such become recognizable in art.

Aesthetic Space

The expression ›space‹ is often understood geometrically or topologically, but in the first place it refers to physical relationships. It thus defines the natural area of a communal, general environment in which particular environments can be created.

Physical spaces limit and thus determine both the public and private spaces of external experience. They are in their turn determined by natural and also cultural conditions. On the one hand they have to be clearly distinguished from their physical preconditions. On the other hand they are often not easy to demarcate from their inner complements, the spaces of inner experience.

In the aesthetic sphere, more than any other of cultural life, it is clear that a distinction between an experience and what one experiences is both linguistically possible and terminologically necessary, but we are often not aware of it. Consciousness, the real home of human existence, cannot be localized. On the other hand, it is anchored in the body, perceiving and controlling itself within the limits of its both psychologically and culturally determined constitution.

Architecture and music are doubtlessly related to each other in physical events. The aesthetic rele-

vance of their reciprocal relations and the living unity whose artistic aspects they are, presuppose a space of common experience. In our sphere, we humans participate in a cultural world, especially with each other. On the basis of our experience, we distinguish between the internal and the external, the public and the private. This space of common and reciprocal experience is aesthetic space. Varying aesthetic standards, primarily decorative and artistic ones, come into contact in its medium, in an external environment in which we can take an interest, communally and reciprocally, in perception and in motion.

Basic religious options in a culture decide the extent to which spaces of communal experience are made accessible together with spheres of supernatural experience. The history of occidental culture has led to a primarily secular experience of public, private and also natural environments. As a rule, mystical traits of collective or individual experience are therefore classified as projections belonging to inner experience. In the same way, memories, fantasies and other forms of transferred or associated experience as products of the mind are considered to be, at least in principle, different from the experience of external circumstances. Thus a cultural self-understanding makes itself felt, in which scientifically and artistically oriented forms of experience are compatible with each other, and even give rise to each other. The shocks which may be caused by artistic expression show how far it penetrates communal or personal internal worlds. However, this kind of aesthetic sensibility exists only in so far as we succeed in distancing ouerselves from external circumstances, living on their threshold, not merging with them.

A differentiated characterization of possible experiential spaces presupposes a sober understanding of experience. The present reflections are based on this option, but are aware of its historical origin. Generally, and thus also individually, an aesthetic space is a communal, external experiential space in which people are physically aware of themselves as cultural beings. Bearing in mind both its development and the variations to which collective and individual experience is subject, it can only be an ideal characterization, and precisely as such it influences designs, buildings and their surroundings.

Architecture and music come into play in the same physical spaces. Depending on the kind of artistic activity, the aesthetic space in which they are present together takes on varying forms. The Philips Pavilion in Brussels illustrates how architecture, fine art and music can be involved in the forming of an aesthetic space on equal terms.

A concert hall, on the other hand, is primarily a place for music. Its architecture is supposed to provide as suitable a space for it as possible. When the musicians and the audience take their seats, the hall ideally offers an aesthetic space which allows them, given their senso-motoric situation, to hear the misical work as such, not just individually but at the same time communally. Its internalization is prepared in the experience of the architectural surroundings, whose form puts the participants in the mood to pay attention to the music. The aesthetic space that the building and the hall offer the participants is no more than the medium in which the musical work can articulate itself. It comes as close as possible to the aesthetic space that the nature of the music requires. In particular the hall disposes the participants towards the sort of attention which brings musical art alive.

The concert hall provides an aesthetic space. The architectural context and the spatial and technical, especially acoustic, disposition decide on the quality and variability of the listening space. Music and architecture are nevertheless historical phenomena. In their works, both arts articulate auditory ideals of different epochs and of their various groups and professions. It is neither objectively legitimate nor aesthetically sensible to expect even an excellent hall to be suitable for all musical requirements, in terms of its architecture or of its acoustic characteristics.

Ambitions of this kind are in their very nature unreasonable. For they presuppose that works of music could be grasped as objects of technical action, that it could be at all possible for them to be available independently from their aesthetic form. Ambitions of this kind are not mere intellectual positions. They inevitably take on the guise of aesthetically self-righteous attitudes and are accordingly expressed.

Like all architecture, concert halls have to fulfil a variety of social, political and also economic functions. In particular, they enable concerts to take place without disturbance. Beyond this, their medial power depends on the extent to which they have to express other values than artistic ones. The design of a hall may celebrate its technical achievements or, with its platform in the centre of rows of seats for the audience, pay homage to the house's gifted conductor and world-famous orchestra. The possibilities for restricting the artistic qualities of a hall are as various as the vested interests to which the construction and management of concert halls may be linked.

The buildings tend to grow older than the people who build them. With the passage of time it becomes obvious that they have outlived their creators, and then we see how just autonomous their expression is. What once testified to the ideals and the pride of an audience, to national importance or local greatness is now a reflection of bygone vanity. We look at the outmoded hall and hope that the lights will be dimmed and the music we are about to hear will fascinate us.

Sometimes the urban landscape is enlivened by concert halls that have been converted from industrial plants or other functional buildings. Whether these transformations are successful depends on the extent to that their original structures have a recognizable potential for new purposes. The practical attraction of such a conversion is obvious: it consists in an achievement which is technical, possibly economic, but essentially aesthetic. The success of such projects demands not only that the extant structural fabric be acoustically suitable for its new purpose. In addition, all signs of its original function have to be neutralized sufficiently for the building as a whole to be fit for a medial, in particular an artistic purpose.

The aim of transformations of this kind is not merely to use a building in a new way, but rather to dedicate it integrally to a completely different function. Beyond acoustic modifications, it is above all necessary to form the visible presence of its history so that it is compatible with its new artistic purpose. A waterworks, for example, is easier to convert into a concert hall than is an abattoir.

What is historically and thus aesthetically appropriate is not decided according to principles, for requirements of this kind touch upon questions of taste. Both the limits of good taste and the horizons of forgetting are bathed in twilight. The problem of the artistic conversion of buildings is basically a difficulty arising from the unavoidable links between art and its historical and life-world environment.

COSMOS AND NATURE

Even before a socially differentiated concert life developed in 18th-century England, to which almost no architectural testimony remains, Thomas Mace outlined the model of a Musick-Roome Uniforme, *which expresses a clearly artistic aesthetic. In* Musick's Monument, *the choir-singer and lutenist's main work as a writer on music, he explains his recommendation of having a central, octagonal performance room bordered by four galleries facing each other, which could hold 200 ›auditors‹ altogether. Its design according to acoustic principles was to ensure that the sound, with no ambient noise, could disseminate freely and unhindered into the galleries, enabling a pure, differentiated perception of the music. The aim of this general recommendation was to encourage the art of music with the aid of systematic reflection. It is no wonder that Thomas Mace was close to Henry More and the Cambridge Platonists.*

Indeed, some historical rooms that were valued as venues for music, perhaps even designed as such, are octagonal in form. In his notes on Andrea Palladio's Quattro libri dell'architettura, *Inigo Jones points out that the corner rooms of the unfinished* Palazzo Thiene *in Vicenza, or rather the completed* Sala dei Principi *and the* Sala dei Metamorfosi *above it are, because of their shape, highly suitable for music.*

In the seventh book of his compendium Tutte l'Opere d'Architettura, *Sebastiano Serlio discusses what must be one of the earliest examples of European architecture for music, the* Odeo *of the Paduan patron and author Alvise Cornaro. Serlio's description from the 1540s suggests that the room was designed by Cornaro himself, specially for musical performances. In this case, too, its acoustic quality is attributed to the octagonal plan and the regular placing of four niches. Like Mace later, Serlio underlines the care with which a room for playing and storing instruments has to be designed. Cornaro commissioned the Dutch painter Lambert Sustris to decorate the* Odeo *with lively grotesques, and spacious landscapes in the niches, so that the musicians and the audience were transported into a sphere of fertile nature.*

Cornaro certainly had his reservations about theoretically reflected architecture such as that represented by Daniele Barbaro. However the centrality, uniformity and regularity of his planning, as of the other designs cited, indicate an understanding of architecture based on proportions and ultimately inspired by Pythagoras, as is punctiliously expressed in the writings of Leon Battista Alberti. According to this view, the same mathematically expressible proportions are valid for music and architecture as in the cosmos, the ›beautiful order‹. For humans, however, this world also appears as the site of a natural life to which we are bound both physically and psychologically. Thus architecture and music are among the cultural achievements that allow us to make ourselves at home in nature by forming a society based on knowledge of its principles.

STRATEGIES OF EXPRESSION

Inigo Jones's Palladian architecture still clearly illustrates this metaphysical option. It is, however, no longer relevant for the later architecture of bourgeois concerts. Here, the main attainment is a concert hall in the form of a cuboid with a platform at one end and a balcony around the other three sides. As a rule, this sort of hall is designed for an audience of around 1,500 to 2,200. For middle frequencies, the echo of such halls is around 1.4 to 2.2 seconds. This structural type, illustrated for example in Vienna by the Grosser Musikvereinssaal *of 1870 or in Amsterdam by the Great Hall of the* Concertgebouw *of 1887, did not result from theoretical or programmatic considerations. It was developed out of the extensive cooperation of all those whose skill and experience was involved in putting on public concerts, whether as impresarios, musicians, architects, politicians or patrons. Including everything up to the form of concentrated perception which it entails, this tradition, its music and its architecture are the product of an integrative social practice. Its metaphysical aspects are to be seen less in the works themselves, and more in their public performance, in the ecstatic experience above all of Romantic music.*

Not only scientifically based room, constructional and psycho-acoustics but also electro-acoustic technologies have greatly developed since their beginnings in the 19th century. Accordingly, musical art and entertainment have been radically transformed. In the course of this process, the aesthetic organization of life has become a strategic matter, and not only in a general way. Some specific changes in the musical establishment must not be ignored in the present perspective.

The interpretation and performance of a musical work can no longer be grasped only as immediate events. Their architecturally guaranteed, electro-acoustically controlled reproducibility shows these aspects more clearly than ever to be aspects of the art itself, not only as qualities of its exciting pre-

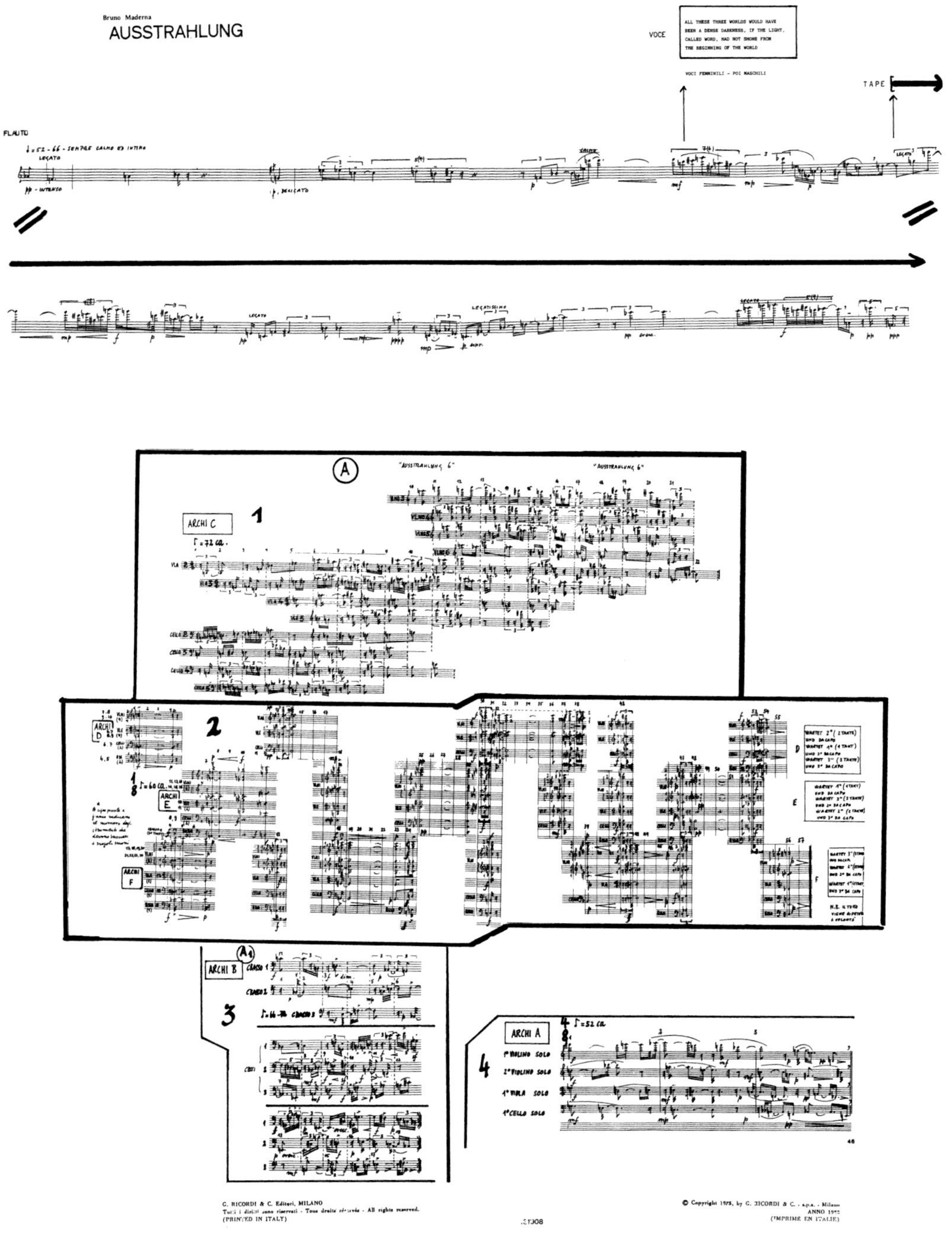

Bruno Maderna: Ausstrahlung für Frauenstimme, Flöte, Oboe, grosses Orchester und Tonband, 1971

sentation. In this regard it is now possible to discriminate more clearly than ever between artists and entertaining virtuosos.

The aesthetic economy of a museum-like concert life depends on this technically enabled objectivization of interpretation and performance. To the extent that qualities of musical experience, linked to a canon of works from the past, can be enduringly identified and innovatively varied and the art of music is turned into an art of musical understanding, it thus seems legitimate to restrict the canon to these historical works. In these circumstances, the concert hall is nothing but a complement to the recording studio. Its acoustic qualities are emphasized not in their own right, but with regard to a possible recording.

In a technologically oriented culture, art and entertainment stand in quite obvious contrast to each other. Their disparate aims, on the one hand the joint internalization of autonomous expression, on the other hand the intense experience here and now of joint perception and motion, require different aesthetic strategies. However, the alternatives converge in the apotheosis of a communal subjectivity that relies on its cultural assets.

METAPHYSICS OF SOUNDS AND SPACES

In the early 20th century, music and architecture changed radically. As in fine art and literature, pioneering innovations were made here too. The possibilities for giving committed artistic expression to something were fundamentally transformed. Not the experience but the works and their aesthetic structure became the centre of interest. The object of artistic experience was redesigned. Foreign artistic idioms asserted themselves. It became indispensable to learn them. This innovative freedom is still decisive today.

Yet this massive impetus did not lead to a neglect of tradition, let alone a break with historical connections. Also in the relationship between architecture and music, pointed references to the past served to enhance the commitment of the artists' own new departure.

On American and European concert tours soon after the First World War, the eminent harpsichordist Wanda Landowska gained considerable public acceptance for her Baroque instrument. She used her income to build a small concert hall next to her house in Saint-Leu-la-Forêt, set in a garden landscape. Up to the beginning of the Second World War, she used to hold twelve master classes and twelve concerts there in the summer months each year. These acquainted a sophisticated audience with the wealth of chamber music mainly from before the period of Vienna Classicism. In her last recordings made here, of sonatas by Domenico Scarlatti in 1940, the approaching army can be heard in the background. Wanda Landowska managed to escape via the south of France, and Lisbon to the USA.

The gardens and buildings were designed by the Parisian architect Jean-Charles Moreux according to strict proportions, but were nevertheless elegant. The harpsichordist's correspondence with him shows intense cooperation right down to details. At the opening of the hall on 3rd July 1927, before an audience of 250, Wanda Landowska and Alfred Cortot first played a Concerto a due cembali certati *by J. S. Bach, presumably BWV 1061a in C major, on pianos. The programme finished with a sonata for two pianos by W. A. Mozart, probably KV 448 in D major. The middle part of the concert was devoted mainly to the harpsichord, on which Landowska played works by François Couperin, Jean-François Dandrieu, Jean-Philippe Rameau and Bernardo Pasquini and others.*

The concert hall in Saint-Leu-la-Forêt is one of the very few rooms for music in the history of European culture that refer expressly to their natural surroundings. A row of windows on the long side of the hall and the transparent roof form a connection with the garden and its cosmos. Some concert halls were complemented by pavilions and parks in which music was played for entertainment in the tradition of Vauxhall Gardens *and the various* Tivolis. *The opening programme of the Zurich* Tonhalle *documents this type of complement. However, Wanda Landowska and Jean-Charles Moreux created a building that points back to a more elevated tradition, which might possibly also include the Steinfurt* Galerie des Concerts *of 1741, open to the park as it is. This is, however, not certain.*

Without doubt, Alvise Cornaro's Odeo *in Padua places the performance of music, at least indirectly, in a natural space, in nature as a life-giving environment. And there is evidence that those who played there experienced the concert hall in Saint-Leu-la-Forêt in this way. The composer Francis Poulenc wrote a concerto for harpsichord and orchestra for Wanda Landowska, of which she was involved in elaborating the details. It was premiered in the* Salle Pleyel *on 3rd March 1929 by the harpsichordist and the* Orchestre Symphonique de Paris *conducted by Pierre Monteux. The composer titled the work* Concert Champêtre. *It thus clearly refers to the iconographic topos of a pastoral concert, well known from northern Italian art of the first half of the 16th century, at the latest.*

The Philips Pavilion at the 1958 Brussels World Fair also connects architecture and music with a life-giving understanding of nature. However, here it is done both more secretly and more drastically than in Poulenc's rusticality.

When the architect Le Corbusier asked his long-standing collaborator, the architect, engineer and composer Iannis Xenakis, to design a pavilion for Edgard Varèse's Poème électronique *and other works, he stipulated that the form of the building should be derived from that of the human stomach. The Greek composer's design takes the scheme of the vital organ and its movements as the basis of a geometric construction.*

The formal solution to the architectural task points on the one hand to a musical problem which led the composer to his first major work. Iannis Xenakis explained the correspondences between acoustic motion and spatial form concisely: ›In the Philips Pavilion I realized the main idea of Metastasis. *As in the music, here too I was interested in the question of whether it is possible to get from one point to another without breaking the continuity. In* Metastasis *this problem led to glissandos, while in the Pavilion it resulted in the hyperbolic parabola shapes.‹*

A material and a formal understanding of nature find their common artistic expression. The ancient tradition of a metaphysically based, uniform design in music and architecture makes itself felt here in generalized form.

Radiation

Against the background of life-giving nature, architecture can be experienced as a mediator of music and as a correspondence to it. The way in which they together form aesthetic spaces, however, goes beyond that. The extremely rich possibilities for composing contemporary music allow its spatial form to be made into an essential condition of the works themselves. The title of Ausstrahlung, *a late composition by Bruno Maderna, already indicates the removal of spatial limits so firmly expressed by the work. This composition on ancient Indian and Persian religious and lyrical texts for female voice, obbligato flute and oboe, large orchestra and tape, may be understood as an unfixed, in many respects indefinite, yet not unfinished work.*

While some of its parts are fixed in detail, others are not completely determined either in their order, in themselves, or in the way in which they interpenetrate.

Each of seven sections, called by Maderna Ausstrahlungen *or* irradiazioni *›(radiations)‹, foregrounds parts of the orchestra, sometimes the solo instruments and the singing voice. The taped passages and the speaking voice which partly overlay these phases of the work are, by contrast, fixed. The passages for obbligato flute and oboe have even been published as separate works.*

The ancient Indian and Persian texts are spoken almost exclusively in the original languages, coming from a tape as if from a space beyond the performance, while the physically present, female singing and speaking voice recites English, French, Italian and German translations.

The liberties granted to the conductor and the instrumentalists as regards both the microstructure and the macrostructure, the contrast between these 'radiations' and the completely determined parts and also separate arrangement of individual groups of instruments in the concert hall do not, however, yield a completely heterogeneous work. The acoustic material of quite disparate origins is as a whole so rich in directly graspable correspondences that aesthetic contrasts may be experienced as transitional peripeteias, as a removal of borders between supposedly separate spaces prior to and beyond music. The work's immanently spatial expression is of a clearly religious nature. It is fitting for its musical content that the first performance took place in the ruins of Persepolis, conducted by the composer on 4th September 1971.

Representation and Expression

The aesthetic space in which music is realized as art is primarily a sphere of valid expression. Representation is of only subordinate importance. On the threshold to music, even the transition between articulated representation and pure expression can be give artistic form in all its radicality. In this sense, in Alvin Lucier's I am sitting in a room ..., *for instance, the aesthetic space is both the subject and the medium of a work of acoustic art.*

One of the main components is a text which describes it succinctly: ›I am sitting in a room different from the one you are in now. I am recording the sound of my speaking voice and I am going to play it back into the room again and again until the resonant frequencies of the room reinforce themselves so that any semblance of my speech, with perhaps the exception of rhythm, is destroyed. What you will hear, then, are the natural resonant frequencies of the room articulated by speech. I regard this activity not so much as a demonstration of a physical fact, but more as a way to smooth out any irregularities my speech might have.‹ As the work presents itself, it gradually, and almost musically, articulates how naturally it achieves expression. It would be a wonder if Lucier's composition could be reversed.

The structuring of its spaces is one of the most elementary achievements of any culture. The pure sound which is hallowed by music always refers back to a natural life without linguistic communication – to a world in which humans once made themselves at home and from which they apparently cannot escape.

Konzerthäuser Aussenansichten

Concert Halls Exterior views

Wien, Musikverein

London, Royal Albert Hall

Prag, Rudolfinum

Amsterdam, Concertgebouw

Steinfurt, Il Bagno, Grande Galerie pour les Concerts

Oxford, Holywell Music Room

Oxford, Sheldonian Theatre

Berlin, ehemalige Sing-Akademie

San Sebastián, Kursaal

Berlin, Philharmonie

Bilbao, Palacio Euskalduna

Kopenhagen, Tivoli

Gateshead, The Sage

Luxembourg, Philharmonie

Ravello, Auditorium Oscar Niemeyer

Porto, Casa da Música

Santa Cruz, Auditorio de Tenerife

Saint-Étienne, Zénith de Saint-Étienne Métropole

Reykjavík, Harpa

Konzerthäuser Innenansichten

Concert Halls Interior Views

Vicenza, Teatro Olimpico

Oxford, Holywell Music Room

München, Odeon

Mantua, Teatro Scientifico dell'Accademia

Zürich, Tonhalle

Baden-Baden, Kurhaus, Weinbrennersaal

Belfast, Ulster Hall

Besançon, Le Kursaal

Swansea, Neuadd y Brangwyn

Luxembourg, Philharmonie, Kammermusiksaal

Verona, Accademia Filarmonica di Verona, Sala Maffeiana

Birmingham, Town Hall, The Great Hall

Liverpool, St. George's Hall, The Great Concert Hall

Amsterdam, Concertgebouw

Liverpool, St. George's Hall, the Small Concert Room

Bologna, Accademia Filarmonica di Bologna, Sala Mozart

Pesaro, Conservatorio Statale di Musica »G. Rossini«, Auditorium Pedrotti

Madrid, Auditorio Nacional de Música, Sala Sinfónica

London, Wigmore Hall

Paris, Salle Gaveau

Basel, Stadtcasino, Musiksaal

València, Palau de la Música, Sala José Iturbi

Edinburgh, Usher Hall

Monte Carlo, Opéra de Monte Carlo, Salle Garnier

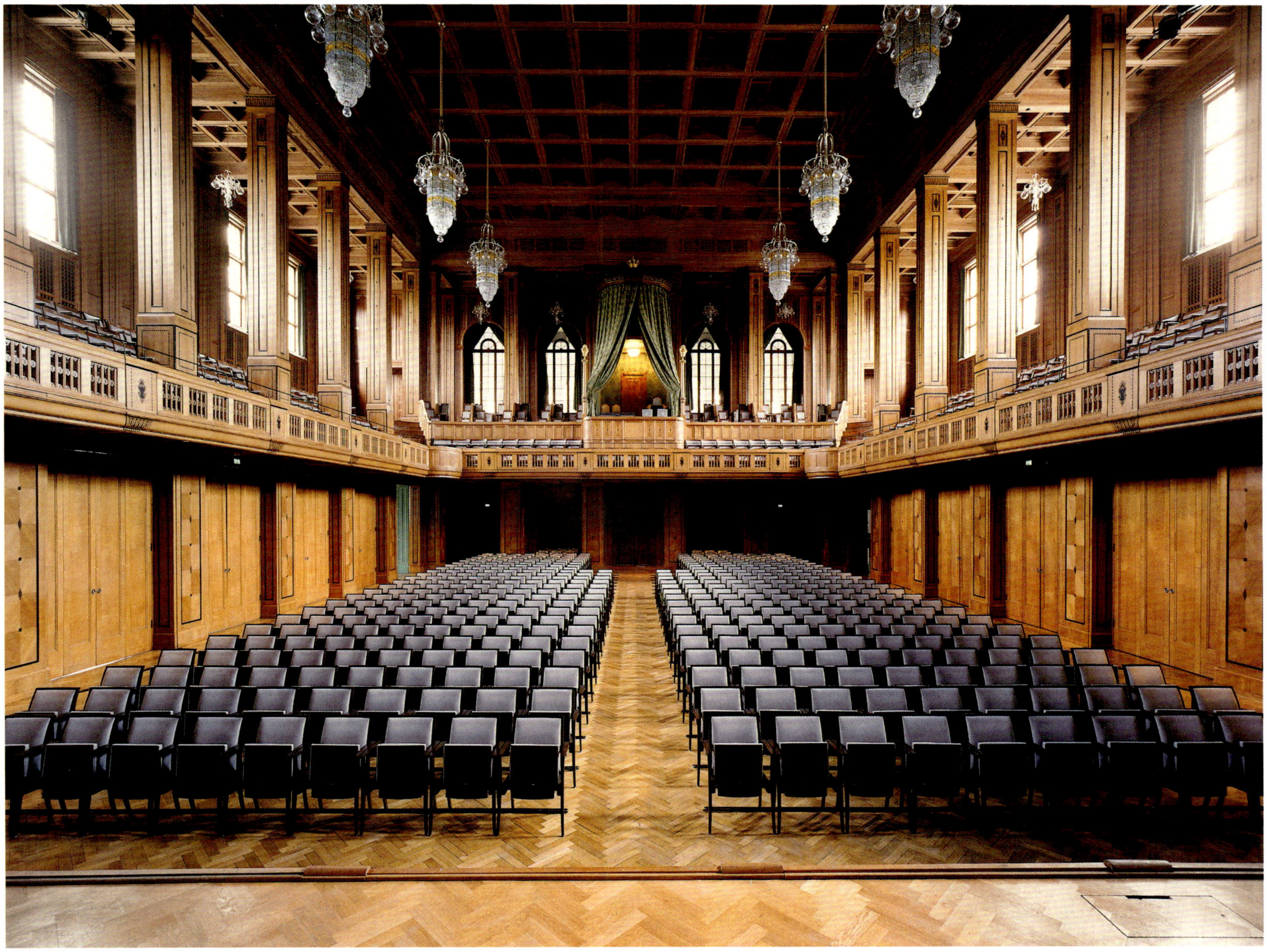

Bad Kissingen, Regentenbau, Max-Littmann-Saal

Barcelona, Palau de la Música Catalana

Genf, Victoria Hall

Prag, Obecní Dům, Smetanova síň

Wiesbaden, Kurhaus, Friedrich-von-Thiersch-Saal

Bern, Kulturcasino, Grosser Saal

Graz, Congress Graz, Stefaniensaal

Hannover, Hannover Congress Centrum, Beethovensaal

Mannheim, Rosengarten, Musensaal

Bilbao, Palacio Euskalduna, Auditorium

Leipzig, Neues Gewandhaus, Grosser Saal

Lissabon, Coliseu dos Recreios

Sheffield, City Hall, Irwin Mitchell Oval Hall

Zaragoza, Auditorio de Zaragoza, Sala Mozart

Berlin, Philharmonie

Wien, Konzerthaus

Hamburg, Laeiszhalle

Brüssel, Palais des Beaux-Arts, Salle Henry le Boeuf

Warschau, Filharmonia Narodowa

Budapest, Müvészetek Palotája, Bartók Béla Nemzeti Hangversenyterem

Santa Cruz, Auditorio de Tenerife

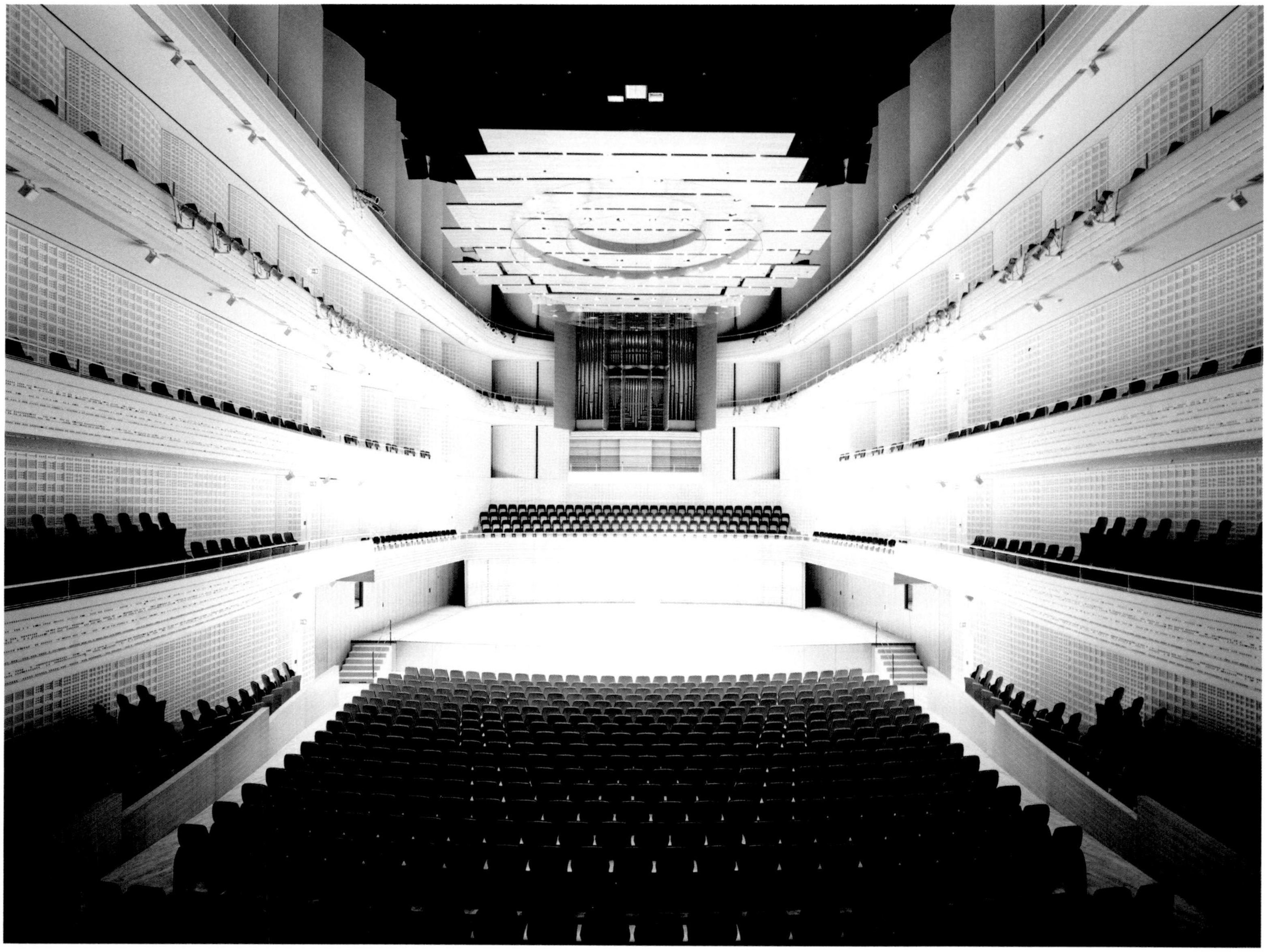

Luzern, Kultur- und Kongresszentrum

Göteborg, Konserthuset

Reykjavík, Harpa

Dortmund, Konzerthaus

Stockholm, Berwaldhallen

Bonn, Beethovenhalle

Manchester, The Bridgewater Hall

Gateshead, The Sage

Umgewidmete Bauten Aussenansichten

Repurposed Buildings Exterior Views

Oviedo, Palacio de Congresos, Auditorio »Príncipe Felipe«

Düsseldorf, Tonhalle

Reims, Le Cirque

Baden-Baden, Festspielhaus

Lyon, Halle Tony Garnier

METZ, L'ARSENAL

Genf, Bâtiment des Forces Motrices

Lille, Maison folie de Wazemmes

Parma, Auditorium Niccolò Paganini

Umgewidmete Bauten Innenansichten

Repurposed Buildings Interior Views

Amsterdam, Beurs van Berlage, Yakult Zaal

Berlin, Konzerthaus am Gendarmenmarkt

Dublin, National Concert Hall

Oettingen, Residenzschloss, Festsaal

Venedig, Ospedaletto dei Derelitti, Sala della Musica

Neubrandenburg, Marienkirche

Potsdam, Nikolaisaal

Düsseldorf, Tonhalle

Eisenstadt, Schloss Esterházy, Haydnsaal

Gent, Muziekcentrum De Bijloke

Lyon, Halle Tony Garnier

Kaiserslautern, Fruchthalle

Metz, l'Arsenal

Glasgow, Old Fruitmarket

Gent, Handelsbeurs Concertzaal

Wien, Mozarthaus, Bösendorfer-Saal

Lahti, Kongressi- ja konserttikeskus Sibeliustalo

Dokumentation

Documentation

Die nachfolgende Übersicht zu den dargestellten Konzerthäusern und Konzertsälen bietet Informationen zu den Architekten, zur Bauzeit und zur Eröffnung. Fehlen Angaben, so konnten die entsprechenden Daten nicht ermittelt werden.
Die alphabetische Reihenfolge richtet sich zunächst nach dem Ort, sodann nach der Bezeichnung des Gebäudes beziehungsweise des Saales.
Die Daten wurden im Wesentlichen von den Konzerthäusern selbst, städtischen Archiven und Bibliotheken bereitgestellt und durch eigene Recherchen ergänzt.
Auf Quellenangaben wird verzichtet.

The following overview of the depicted concert halls gives basic information on their design and dates of construction as well on the inaugural concerts. In some cases no information was available.
The order is alphabetical, firstly according to location and secondly according to the names of the buildings or halls.
In general the data were provided by the concert halls themselves, by municipal archives or by libraries, and supplemented by our own research.
No references are given.

Belgien

Palais des Beaux-Arts de Bruxelles

Ort: Brüssel
Architekt: Victor Horta
Bauzeit: 1922-1929
Eröffnungskonzert: 19. Oktober 1929

Psyché	César Franck
Le Génie de la Patrie	Peter Benoit
La Brabançonne	Van Campenhout-Jongen

L'Orchestre du Conservatoire de Bruxelles
Chœur mixte du Peter Benoit-Fonds d'Anvers
Frans Ruhlmann, Flor Alpaerts, Joseph Jongen

Palais des Beaux-Arts de Bruxelles

Location: Brussels
Architect: Victor Horta
Constructed: 1922-1929
Inaugural Concert: 19th October 1929

Psyché	*César Franck*
Le Génie de la Patrie	*Peter Benoit*
La Brabançonne	*Van Campenhout-Jongen*

L'Orchestre du Conservatoire de Bruxelles
Chœur mixte du Peter Benoit-Fonds d'Anvers
Frans Ruhlmann, Flor Alpaerts, Joseph Jongen

Handelsbeurs concertzaal

Ort: Gent
Architekt: David 't Kind
Bauzeit: 1738-1739
Wiedereröffnungskonzert nach der Renovierung: 22. September 2002

Metamorf	Wouter Vandenabeele

Wouter Vandenabeele und Olla Vogala

Handelsbeurs concertzaal

Architect: David 't Kind
Location: Ghent
Constructed: 1738-1739
Reopening Concert following Reconstruction: 22nd September 2002

Metamorf	*Wouter Vandenabeele*

Wouter Vandenabeele and Olla Vogala

Muziekcentrum De Bijloke

Ort: Gent
Architekt: Oswald van de Sompele
Bauzeit: 1999-2007
Eröffnungsfest: 6.-8. September 2007

Der Konzertsaal wurde in historische Gebäude aus dem 13. und 16. Jahrhundert hineingebaut.

Music for the Royal Fireworks	G. F. Händel
Quartett in G-Dur, op. 18, Nr 2	L. v. Beethoven
HPSCHD	John Cage
uvm.	

Koninklijk Harmonieorkest Vooruit Harelbeke unter der Leitung von Geert Verschaeve, Ronald Brautigam, deFilharmonie, Israel Yinnon, Tineke Postma Quintet, Edding Kwartet uvm.

Muziekcentrum De Bijloke

Location: Ghent
Architect: Oswald van de Sompele
Constructed: 1999-2007
Opening festival: 6th-8th September 2007

The concert hall is set in a complex of historical buildings from the 13th and 16th centuries.

Music for the Royal Fireworks	*G. F. Handel*
Quartet in G major, Op. 18, No. 2	*L. v. Beethoven*
HPSCHD	*John Cage*
and much more	

Koninklijk Harmonieorkest Vooruit Harelbeke conducted by Geert Verschaeve, Ronald Brautigam, deFilharmonie (Royal Flemish Philharmonic), Israel Yinnon, Tineke Postma Quintet, Edding Kwartet and much more

Dänemark

Det Kongelige Danske Musikkonservatorium,
Konservatoriets Koncertsal

Ort: Kopenhagen
Architekt: Vilhelm Lauritzen
Bauzeit: 1937-1945
Einweihung: 11. September 1945

Te Deum	Knud Jeppesen
1. symfoni	Svend S. Schultz
Orkestersuite	Walther Jensen
Sinfonia Sacra	Vagn Holmboe
Vor moder jord	J.L. Emborg

Unter der Leitung der Dirigenten Grøndahl und Tuxen

Det Kongelige Danske Musikkonservatorium,
Konservatoriets Koncertsal

Location: Copenhagen
Architect: Vilhelm Lauritzen
Constructed: 1937-1945
Inaugurated: 11th September 1945

Te Deum	*Knud Jeppesen*
1. symfoni	*Svend S. Schultz*
Orkestersuite	*Walther Jensen*
Sinfonia Sacra	*Vagn Holmboe*
Vor moder jord	*J.L. Emborg*

Conducted by Grøndahl and Tuxen

Tivoli Koncertsalen

Ort: Kopenhagen
Architekt: Hans Hansen, Fritz Schlegel
Architekten der Umgestaltung: 3XN
Baujahr: 1956
Umgestaltung: 2005
Eröffnungskonzert: 1. Mai 1956

Et Forspil	Kjell Abell
Ouvertüre zu Elverhøj	Friedrich Kuhlau
Sinfonie Nr. 5, op. 60	Herman D. Koppel
Kong Frederik d. IXs	
Honnørmarch	Kai Nielsen
I Tivoli	Vilfred Kjær
Petersborger	
Champagne Gallop	Hans Christian Lumbye

Tivoli Concert Hall Orchestra unter der Leitung von Svend Christian Felumb

Tivoli Koncertsalen

Location: Copenhagen
Architects: Hans Hansen, Fritz Schlegel
Architects of the redevelopment: 3XN
Constructed: 1956
Redeveloped: 2005
Inaugural Concert: 1st May 1956

Et Forspil	*Kjell Abell*
Overture to Elverhøj	*Friedrich Kuhlau*
Symphony No. 5, Op. 60	*Herman D. Koppel*
Kong Frederik d. IXs	
Honnørmarch	*Kai Nielsen*
I Tivoli	*Vilfred Kjær*
Petersborger	
Champagne Gallop	*Hans Christian Lumbye*

Tivoli Concert Hall Orchestra conducted by Svend Christian Felumb

Deutschland

Festspielhaus

Ort: Baden-Baden
Architekten: Wilhelm Holzbauer, Walter Veyhle
Bauzeit: 1996-1998

In den Neubau wurde der ehemalige Baden-Badener Stadtbahnhof von 1892-1894 integriert.

Eröffnungskonzert: 18. April 1998

Ein Sommernachtstraum, op. 21, MWV P 3	F. Mendelssohn Bartholdy
A csodálatos mandarin, op. 19 (Sz 73)	Béla Bartók
Sinfonie Nr. 2 D-Dur, op. 73	J. Brahms

World Orchestra for Peace unter der Leitung von Valery Gergiev

Festspielhaus

Location: Baden-Baden
Architects: Wilhelm Holzbauer, Walter Veyhle
Constructed: 1996-1998

The new building incorporates the former central train station of 1895.

Inaugural Concert: 18th April 1998

A Midsummer Night's Dream, Op. 21, MWV P 3	*F. Mendelssohn Bartholdy*
A csodálatos mandarin, Op. 19 (Sz 73)	*Béla Bartók*
Symphony No. 2 in D major, Op. 73	*J. Brahms*

World Orchestra for Peace conducted by Valery Gergiev

Kurhaus, Mittelbau, Weinbrennersaal

Ort: Baden-Baden
Architekt: Friedrich Weinbrenner
Bauzeit: 1821-1824
Eröffnung: 1824

Kurhaus, Central Block, Weinbrenner Hall

Location: Baden-Baden
Architect: Friedrich Weinbrenner
Constructed: 1821-1824
Inaugurated: 1824

Regentenbau, Max-Littmann-Saal

Ort: Bad Kissingen
Architekt: Max Littmann
Ende der Bauzeit: 1913
Eröffnungskonzert: 15. Mai 1913

In Anwesenheit seiner Königlichen Hoheit des Prinzregenten Ludwig von Bayern, Königshymne beim Eintritt der Kgl. Hoheiten und Hoch auf den Regenten. Die Festrede wird von Kgl. Prof. Dr. Ernst von Possart gehalten.

Ouvertüre Die Weihe des Hauses, op. 124	L. v. Beethoven
Ozean-Arie aus Oberon	C. M. v. Weber
Vorspiel zu Die Meistersinger von Nürnberg	R. Wagner
Das verlassene Mägdlein, W I, Nr. 7	Hugo Wolf
Der Gärtner, W I, Nr. 17	Hugo Wolf
Nicht mehr zu dir zu gehen beschloss ich, op. 32, Nr. 2	J. Brahms
Der Schmied, op. 19, Nr. 4	J. Brahms

Berta Morena (Sopran), Kurorchester (Wiener Konzertverein) unter der Leitung von Martin Spörr

Regent's Building, Max Littmann Hall

Location: Bad Kissingen
Architect: Max Littmann
Construction completed: 1913
Inaugural Concert: 15th May 1913

In the presence of HRH the Prince Regent Ludwig of Bavaria, Royal anthem during the entrance of Their Royal Highnesses and acclamation of the regent.
Ceremonial address held by Royal Professor Dr. Ernst von Possart.

Overture Die Weihe des Hauses, Op. 124	*L. v. Beethoven*
Ocean Aria from Oberon	*C. M. v. Weber*
Prelude to Die Meistersinger von Nürnberg	*R. Wagner*
Das verlassene Mägdlein, W I, No. 7	*Hugo Wolf*
Der Gärtner, W I, No. 17	*Hugo Wolf*
Nicht mehr zu dir zu gehen beschloss ich, Op. 32, No. 2	*J. Brahms*
Der Schmied, Op. 19, No. 4	*J. Brahms*

Berta Morena (Soprano), Kurorchester (Wiener Konzertverein) conducted by Martin Spörr

Ehemaliges Rundfunkzentrum der DDR,
Gebäude B, Saal 1

Ort: Berlin
Architekt: Franz Ehrlich
Ende der Bauzeit: 1954

Former Radio Broadcasting Centre of the GDR,
Building B, Hall 1

Location: Berl.n
Architect: Franz Ehrlich
Construction completed: 1954

Konzerthaus am Gendarmenmarkt

Ort: Berlin
Architekt: Karl Friedrich Schinkel
Bauzeit: 1818-1821
Eröffnung als Königliches Schauspielhaus:
26. Mai 1821
Zerstörung: 1943-1945
Wiederaufbau: 1979-1984
Architekten der Umgestaltung zum Konzerthaus:
Erhardt Gisske, Klaus Just und Manfred Prasser
Eröffnung als Konzerthaus am
Gendarmenmarkt: 1. Oktober 1984

Sinfonie Nr. 2 D-Dur, op. 36 — L. v. Beethoven
Sinfonie Nr. 5 c-Moll, op. 67 — L. v. Beethoven

Berliner Sinfonie-Orchester unter der Leitung von Kurt Sanderling

Konzerthaus am Gendarmenmarkt

Location: Berlin
Architect: Karl Friedrich Schinkel
Constructed: 1818-1821
Inaugurated as Königliches Schauspielhaus [Royal Theatre]: 26th May 1821
Destroyed: 1943-1945
Reconstructed: 1979-1984
Architects of reconstruction as a concert hall:
Erhardt Gisske, Klaus Just and Manfred Prasser
Inaugurated as Konzerthaus am Gendarmenmarkt:
1st October 1984

Symphony No. 2 in D major, Op. 36 — L. v. Beethoven
Symphony No. 5 in C minor, Op. 67 — L. v. Beethoven

Berlin Symphony Orchester conducted by Kurt Sanderling

Philharmonie

Ort: Berlin
Architekt: Hans Scharoun
Bauzeit: 1960-1963
Eröffnung: 15. Oktober 1963

Sinfonie Nr. 9 in d-Moll, op. 125 — L. v. Beethoven

Gundula Janowitz (Sopran), Hilda Rössel-Majdan (Alt), Waldemar Kmentt (Tenor), Walter Berry (Bass), Wiener Singverein, Berliner Philharmoniker unter der Leitung von Herbert von Karajan

Philharmonie

Location: Berlin
Architect: Hans Scharoun
Constructed: 1960-1963
Inaugurated: 15th October 1963

Symphony No. 9 in D minor, Op. 125 — L. v. Beethoven

Gundula Janowitz (Soprano), Hilda Rössel-Majdan (Alto), Waldemar Kmentt (Tenor), Walter Berry (Bass), Wiener Singverein, Berlin Philharmonic Orchestra conducted by Herbert von Karajan

HAUS DER SING-AKADEMIE

ORT: BERLIN
ARCHITEKT: CARL THEODOR OTTMER
BAUZEIT: 1825-1827
ARCHITEKT DER ERSTEN UMGESTALTUNG: MARTIN GROPIUS
UMGESTALTUNGEN: 1865, 1875, 1888
ZERSTÖRUNG: 1943
WIEDERAUFBAU ALS THEATER: 1947

Das Haus ist seit 1952 Sitz des Maxim-Gorki-Theaters.

ERÖFFNUNG: 8. APRIL 1827

Gott ist alleinig groß und schön	Carl Friedrich Zelter
Messe à 16	Carl Friedrich Christian Fasch

Sing-Akademie unter der Leitung von Carl Friedrich Zelter

HAUS DER SING-AKADEMIE

LOCATION: BERLIN
ARCHITECT: CARL THEODOR OTTMER
CONSTRUCTED: 1825-1827
ARCHITECT OF THE FIRST REDEVELOPMENT: MARTIN GROPIUS
REDEVELOPED: 1865, 1875, 1888
DESTROYED: 1943
RECONSTRUCTED AS A THEATRE: 1947

Since 1947 the building has housed the Maxim Gorki Theatre.

OPENED: 8TH APRIL 1827

Gott ist alleinig gross und schön	*Carl Friedrich Zelter*
Messe à 16	*Carl Friedrich Christian Fasch*

Sing-Akademie conducted by Carl Friedrich Zelter

BEETHOVENHALLE

ORT: BONN
ARCHITEKT: SIEGFRIED WOLSKE
BAUZEIT: 1956-1959
FESTKONZERT ZUR SCHLÜSSELÜBERGABE:
7. SEPTEMBER 1959

Ansprachen des Architekten Siegfried Wolske, Hamburg, des Stadtbaudirektors Ludwig Marx und des Oberbürgermeisters der Stadt Bonn Dr. Wilhelm Daniels

Ouvertüre zu Egmont, op. 84	L. v. Beethoven
Konzert für Klavier, Violine und Violoncello in C-Dur, op. 56	L. v. Beethoven

Wilhelm Stross (Violine), Ludwig Hoelscher (Violoncello), Elly Ney (Klavier), Städtisches Orchester Bonn unter der Leitung des Städtischen Musikdirektors Volker Wangenheim

Leonoren-Ouvertüre Nr. 3, op. 72a	L. v. Beethoven
Klavierkonzert Nr. 5 Es-Dur, op. 73	L. v. Beethoven

Elly Ney (Klavier), Städtisches Orchester Bonn unter der Leitung von Willem van Hoogstraaten

FESTAKT ZUR ERÖFFNUNG: 8. SEPTEMBER 1959, 11 UHR

Ouvertüre Die Weihe des Hauses, op. 124	L. v. Beethoven

Städtisches Orchester Bonn unter der Leitung von Otto Volkmann

5 Stücke aus Die Geschöpfe des Prometheus oder Die Macht der Musik und des Tanzes, op. 43	L. v. Beethoven
Nobilissima Visione	Paul Hindemith

Städtisches Orchester Bonn unter der Leitung von Paul Hindemith

BEETHOVENHALLE

LOCATION: BONN
ARCHITECT: SIEGFRIED WOLSKE
CONSTRUCTED: 1956-1959
GALA CONCERT FOR CEREMONIAL PRESENTATION OF KEYS:
7TH SEPTEMBER 1959

Addresses by the Architect Siegfried Wolske, Hamburg, by the Director of Town Planning Ludwig Marx and by the Mayor of the City of Bonn Dr. Wilhelm Daniels

Overture to Egmont, Op. 84	*L. v. Beethoven*
Concerto for Piano, Violin and Violoncello in C major, Op. 56	*L. v. Beethoven*

Wilhelm Stross (Violin), Ludwig Hoelscher (Violoncello), Elly Ney (Piano), Orchestra of the City of Bonn conducted by the Municipal Music Director Volker Wangenheim

Leonora Overture No. 3, Op. 72a	*L. v. Beethoven*
Piano Concerto No. 5 in E flat major, Op. 73	*L. v. Beethoven*

Elly Ney (Piano), Orchestra of the City of Bonn conducted by Willem van Hoogstraaten

INAUGURAL CEREMONY: 8TH SEPTEMBER 1959, 11 A.M.

Overture Die Weihe des Hauses, Op. 124	*L. v. Beethoven*

Orchestra of the City of Bonn conducted by Otto Volkmann

5 Pieces from Die Geschöpfe des Prometheus oder Die Macht der Musik und des Tanzes, Op. 43	*L. v. Beethoven*
Nobilissima Visione	*Paul Hindemith*

Orchestra of the City of Bonn conducted by Paul Hindemith

Konzerthaus

Ort: Dortmund
Architekturbüro: Schröder Schulte-Ladbeck Strothmann Architekten BDA/Assoziierte
Bauzeit: 2000-2002
Eröffnungskonzert: 14. September 2002

Meeresstille und glückliche Fahrt, op. 112	L. v. Beethoven
Ouvertüre Nr. 3 zu Leonore, op. 72	L. v. Beethoven
Sinfonie Nr. 9 in d-Moll, op. 125	L. v. Beethoven

Melanie Diener (Sopran), Dagmar Pecková (Mezzosopran), Herbert Lippert (Tenor), Håkan Hagegård (Bariton), Rundfunkchor Berlin, Leitung Simon Halsey, Einstudierung Sigurd Brauns
Deutsches Symphonie-Orchester Berlin unter der Leitung von Kent Nagano

Konzerthaus

Location: Dortmund
Architects' Office: Schröder Schulte-Ladbeck Strothmann Architects BDA/Assoziierte
Constructed: 2000-2002
Inaugural Concert: 14th September 2002

Meeresstille und glückliche Fahrt, Op. 112	*L. v. Beethoven*
Leonora Overture No. 3, Op. 72	*L. v. Beethoven*
Symphony No. 9 in D minor, Op. 125	*L. v. Beethoven*

Melanie Diener (Soprano), Dagmar Pecková (Mezzo-soprano), Herbert Lippert (Tenor), Håkan Hagegård (Baritone), Berlin Radio Choir, Director Simon Halsey, Choir Master Sigurd Brauns
German Symphony Orchestra, Berlin, conducted by Kent Nagano

Tonhalle

Ort: Düsseldorf
Architekt des Planetariums: Wilhelm Heinrich Kreis
Bauzeit: 1925-1926
Architekten des Umbaus zum Konzertsaal: HPP Hentrich – Petschnigg & Partner
Umbau: 1975-1978
Eröffnung: 2. April 1978
Eröffnungskonzert: 6. April 1978

Triptychon für Orchester	Wolfgang Fortner
Quattro pezzi sacri	G. Verdi
Sinfonie in C-Dur	F. Schubert

Düsseldorfer Symphoniker unter der Leitung von Bernhard Klee

Tonhalle

Location: Düsseldorf
Architect of the Planetarium: Wilhelm Heinrich Kreis
Constructed: 1925-1926
Architects of the conversion into a concert hall: HPP Hentrich – Petschnigg & Partners
Converted: 1975-1978
Inaugurated: 2nd April 1978
Inaugural Concert: 6th April 1978

Triptych for Orchestra	*Wolfgang Fortner*
Quattro pezzi sacri	*G. Verdi*
Symphony in C major	*F. Schubert*

Düsseldorf Symphony Orchestra conducted by Bernhard Klee

Laeiszhalle

Ort: Hamburg
Architekten: Martin Haller, Emil Meerwein
Bauzeit: 1904-1908
Einweihung: 4. Juni 1908

Passacaglia in c-Moll, BWV 582	J. S. Bach
Halleluja aus Der Messias, HWV 56	G. F. Händel

Cäcilienverein und Sing-Akademie unter Leitung von R. Barth

Fest- und Gedenksprüche, op. 109	J. Brahms

Cäcilienverein und Sing-Akademie, Leitung: J. Spengel

Sinfonie Nr. 5 in c-Moll, op. 67	L. v. Beethoven

Das Orchester des Vereins Hamburgischer Musikfreunde unter Leitung von Max Fiedler

Laeiszhalle

Location: Hamburg
Architects: Martin Haller, Emil Meerwein
Constructed: 1904-1908
Inaugurated: 4th June 1908

Passacaglia in C minor, BWV 582	*J. S. Bach*
Halleluja from The Messiah, HWV 56	*G. F. Handel*

Cäcilienverein and Sing-Akademie conducted by R. Barth

Fest- und Gedenksprüche, Op. 109	*J. Brahms*

Cäcilienverein and Sing-Akademie conducted by J. Spengel

Symphony No. 5 in C minor, Op. 67	*L. v. Beethoven*

Orchestra of the Verein Hamburgischer Musikfreunde conducted by Max Fiedler

HANNOVER CONGRESS CENTRUM, BEETHOVENSAAL

ORT: HANNOVER
ARCHITEKTEN: PAUL BONATZ, FRIEDRICH EUGEN SCHOLER
BAUZEIT: 1911-1914
MUSIKFEST ZUR EINWEIHUNG DER STADTHALLE:
11. UND 12. JUNI 1914, JEWEILS ABENDS 19.30 UHR

ERSTES KONZERT:

Ouvertüre Die Weihe des Hauses,
op. 124 — L. v. Beethoven
Szene der Andromache aus
Achilleus, op. 50 — Max Bruch

Ottilie Metzger-Lattermann (Alt), Königliches Hoftheater-Orchester Hannover unter der Leitung von Karl Gille

Aus Opern des Komponisten Siegfried Wagner:
Ouvertüre aus Herzog Wildfang
Aus dem 3. Akt von Sterngebot, op. 5, Einleitung und Huldigungsreigen
Fridolins Abschied aus Sonnenflammen, op. 8
Kirmestanz aus Herzog Wildfang, op. 2
Zwischenspiel aus Heidenkönig, op. 9

Alexander Kirchner (Tenor), Königliches Hoftheater-Orchester Hannover unter der Leitung des Komponisten

Sinfonie Nr. 3 in
Es-Dur, op. 55 Eroica — L. v. Beethoven

Königliches Hoftheater-Orchester Hannover unter der Leitung von Karl Gille

ZWEITES KONZERT:

Eine Romantische Suite, op. 125 — Max Reger

Königliches Hoftheater-Orchester Hannover unter der Leitung des Komponisten

Die Jahreszeiten, Hob. XXI:3 — J. Haydn

Hedwig Francillo-Kauffmann (Sopran), Alexander Kirchner (Tenor), Friedrich Plaschke (Bariton), Hannoversche Musikakademie, Sängerakademie, Hannoverscher Männergesangverein, Hannoverscher Lehrer-Gesangverein, Liedertafel Augustus, Königliches Hoftheater-Orchester Hannover unter der Leitung von Josef Frischen

HANOVER CONGRESS CENTRE, STADTHALLE, BEETHOVENSAAL

LOCATION: HANOVER
ARCHITECTS: PAUL BONATZ, FRIEDRICH EUGEN SCHOLER
CONSTRUCTED: 1911-1914
MUSIC FESTIVAL FOR THE INAUGURATION OF THE MUNICIPAL HALL: 11TH AND 12TH JUNE 1914, EACH EVENING AT 7.30 P.M.

FIRST CONCERT:

Overture Die Weihe des Hauses,
Op. 124 — *L. v. Beethoven*
Andromache's Scene from
Achilleus, Op. 50 — *Max Bruch*

Ottilie Metzger-Lattermann (Alto), Hanover Royal Court Theatre Orchestra conducted by Karl Gille

From operas by Siegfried Wagner:
Overture from Herzog Wildfang
From Act III of Sterngebot, Op. 5, Introduction and Dance of Homage
Fridolins Farewell from Sonnenflammen, Op. 8
Kermis Dance from Herzog Wildfang, Op. 2
Interlude from Heidenkönig, Op. 9

Alexander Kirchner (Tenor), Hanover Royal Court Theatre Orchestra conducted by the composer

Symphony No. 3 in E flat major,
Op. 55, The Eroica — *L. v. Beethoven*

Hanover Royal Court Theatre Orchestra conducted by Karl Gille

SECOND CONCERT:

A Romantic Suite, Op. 125 — *Max Reger*

Hanover Royal Court Theatre Orchestra conducted by the composer

The Seasons, Hob. XXI: 3 — *J. Haydn*

Hedwig Francillo-Kauffmann (Soprano), Alexander Kirchner (Tenor), Friedrich Plaschke (Baritone), Hanover Music Academy, Singers' Academy, Hanover Male Choral Society, Hanover Teachers' Choral Society, Liedertafel Augustus, Hanover Royal Court Theatre Orchestra conducted by Josef Frischen

FRUCHTHALLE

ORT: KAISERSLAUTERN
ARCHITEKT: AUGUST VON VOIT
BAUZEIT: 1843-1846
UMBAU ZUM KONZERTSAAL: AB 1891

Mit dem ersten Konzert des Pfalzorchesters in der Fruchthalle am 14. September 1950 beginnt die beständige Nutzung des Gebäudes als Konzerthaus.

Die Geschöpfe des Prometheus oder Die Macht der Musik und des Tanzes, op. 43	L. v. Beethoven
Violinkonzert in D-Dur, op. 61	L. v. Beethoven
Sinfonie Nr. 2 in D-Dur, op. 36	L. v. Beethoven

Cecilia Hansen (Violine), Pfalzorchester unter der Leitung von Bernhard Conz

FRUCHTHALLE

LOCATION: KAISERSLAUTERN
ARCHITECT: AUGUST VON VOIT
CONSTRUCTED: 1843-1846
CONVERTED INTO A CONCERT HALL: FROM 1891

The first concert by the Pfalzorchester in the Fruchthalle on 14th September 1950 initiates die continuous use of the building as a concert hall.

Die Geschöpfe des Prometheus oder Die Macht der Musik und des Tanzes, Op. 43	*L. v. Beethoven*
Violin Concerto in D major, Op. 61	*L. v. Beethoven*
Symphony No. 2 in D major, Op. 36	*L. v. Beethoven*

Cecilia Hansen (Violin), Pfalzorchester conducted by Bernhard Conz

KONZERTHAUS

ORT: KARLSRUHE
ARCHITEKTEN: ROBERT CURJEL, KARL MOSER IN ZUSAMMENARBEIT MIT STEPHAN BALKENHOL
BAUZEIT: 1913-1915
ARCHITEKT DER GENERALSANIERUNG: RAINER RUPPRECHT
GENERALSANIERUNG: 1993-1996

KONZERTHAUS

LOCATION: KARLSRUHE
ARCHITECTS: ROBERT CURJEL, KARL MOSER IN COOPERATION WITH STEPHAN BALKENHOL
CONSTRUCTED: 1913-1915
ARCHITECT OF THE REFURBISHMENT: RAINER RUPPRECHT
REFURBISHED: 1993-1996

NEUES GEWANDHAUS

ORT: LEIPZIG
ARCHITEKTEN: RUDOLF SKODA MIT EBERHARD GÖSCHEL, VOLKER SIEG UND WINFRIED SZIEGOLEI
BAUZEIT: 1977-1981
ERÖFFNUNGSKONZERT: 8. OKTOBER 1981

Gesänge an die Sonne	Siegfried Thiele
Sinfonie Nr. 9 in d-Moll, op. 125	L. v. Beethoven

Leitung: Kurt Masur

NEUES GEWANDHAUS

LOCATION: LEIPZIG
ARCHITECTS: RUDOLF SKODA WITH EBERHARD GÖSCHEL, VOLKER SIEG AND WINFRIED SZIEGOLEI
CONSTRUCTED: 1977-1981
INAUGURAL CONCERT: 8TH OCTOBER 1981

Gesänge an die Sonne	*Siegfried Thiele*
Symphony No. 9 in D minor, Op. 125	*L. v. Beethoven*

Conducted by Kurt Masur

ROSENGARTEN, HAUPTFASSADE
ROSENGARTEN, MOZARTSAAL (S. 155)
ROSENGARTEN, WESTSEITE (S. 156)

ORT: MANNHEIM
ARCHITEKT: BRUNO SCHMITZ
ENTWURF DER FESTHALLE: 1898

Der Rosengarten wurde als ein Ensemble von mehreren reichhaltig ausgestatteten Sälen konzipiert, die für künstlerische und andere kulturelle Zwecke genutzt werden konnten und durch einen sehr ansprechenden Restaurationsbereich ergänzt wurden.

BAUZEIT: 1900-1903
EINWEIHUNG: OSTERN 1903
ERÖFFNUNGSAKT: 11. APRIL 1903
MUSIKFEST: 12. BIS 14. APRIL 1903
FESTKONZERT: 12. APRIL 1903, VORMITTAGS 11 UHR, MUSENSAAL

Vorspiel zu Die Meistersinger von Nürnberg	R. Wagner
Der Wachtelschlag, WoO 129	L. v. Beethoven
Die Allmacht, D. 852	F. Schubert

Emilie Herzog (Sopran), die vereinigten Hoftheater-Orchester Mannheim und Karlsruhe unter der Leitung von W. Kähler. Die beiden Lieder wurden mit Orchesterbegleitung gesungen.

Sonate in h-Moll	F. Liszt
Feruccio Busoni (Klavier)	
Toccata und Fuge in d-Moll, BWV 565	J. S. Bach
Albrecht Hänlein (Orgel)	
Sinfonie Nr. 9 in d-Moll, op. 125	L. v. Beethoven

Emilie Herzog (Sopran), Ottilie Metzger (Alt), Karl Burrian (Tenor), Johannes Messchaert (Bass). Mitglieder des Musikvereins, des Vereins für klassische Kirchenmusik, des Chores der Hochschule für Musik, des Hoftheater-Singchores Mannheim, des Cäcilien-Vereins Ludwigshafen. Die vereinigten Hoftheater-Orchester Mannheim und Karlsruhe unter der Leitung von W. Kähler. Die beiden Lieder werden mit Orchesterbegleitung gesungen.

ERSTE KAMMERMUSIK-AUFFÜHRUNG:
12. APRIL 1903, 19.30 UHR, MUSENSAAL

Streichquartett Nr. 6 in C-Dur, KV 465	W. A. Mozart
Liebe schwärmt auf allen Wegen, D. 239, Nr. 6	F. Schubert
Erster Verlust, D. 226, op. 5, Nr. 4	F. Schubert
An die Laute, D. 905, op. 81, Nr. 2	F. Schubert
Das Lied im Grünen, D. 917	F. Schubert
Streichquartett, op. 17, Nr. 5 in G	J. Haydn

Jeanette Grumbacher-de Jong (Sopran), Carl Friedberg (Klavier), Joachim-Quartett

Gruppen aus dem Tartarus, D. 583, op. 24, Nr. 1	F. Schubert
Wohin?, D. 795, op. 25, Nr. 2	F. Schubert
Nacht und Träume, D. 827, op. 43, Nr. 2	F. Schubert
An Schwager Kronos, D. 369, op. 19, Nr. 1	F. Schubert
Klavier-Quintett in f-Moll, op. 34	J. Brahms

Johannes Messchaert (Bass), Carl Friedberg (Klavier), Joachim-Quartett

CHOR-KONZERT: 13. APRIL 1903, NACHMITTAGS 17 UHR, NIBELUNGENSAAL

Ein feste Burg ist unser Gott, BWV 80	J. S. Bach

Emilie Herzog (Sopran), Ottilie Metzger (Alt), Karl Burrian (Tenor), Theodor Bertram (Bariton). Albrecht Hänlein (Orgel). Mitglieder des Musikvereins, des Vereins für klassische Kirchenmusik, des Chores der Hochschule für Musik, des Hoftheater-Singchores Mannheim, des Cäcilien-Vereins Ludwigshafen, Einstudierung F. Langer. Die vereinigten Hoftheater-Orchester Mannheim und Karlsruhe unter der Leitung von Felix Mottl

Wesendonck-Lieder	R. Wagner

Emilie Herzog (Sopran), die vereinigten Hoftheater-Orchester Mannheim und Karlsruhe unter der Leitung von Felix Mottl

Der 13. Psalm	F. Liszt

Karl Burrian (Tenor), Mitglieder des Musikvereins, des Vereins für klassische Kirchenmusik, des Chores der Hochschule für Musik, des Hoftheater-Singchores Mannheim, des Cäcilien-Vereins Ludwigshafen, Einstudierung F. Langer. Die vereinigten Hoftheater-Orchester Mannheim und Karlsruhe unter der Leitung von Felix Mottl

1. Szene, 1. Akt aus Gunlöd	Peter Cornelius

Bertha Morena (Sopran), die vereinigten Hoftheater-Orchester Mannheim und Karlsruhe unter der Leitung von Felix Mottl

Prometheus	Hugo Wolf

Fritz Feinhals (Bariton), die vereinigten Hoftheater-Orchester Mannheim und Karlsruhe unter der Leitung von Felix Mottl

Te Deum, WAB 45	A. Bruckner

Emilie Herzog (Sopran), Ottilie Metzger (Alt), Karl Burrian (Tenor), Theodor Bertram (Bariton), Albrecht Hänlein (Orgel). Mitglieder des Musikvereins, des Vereins für klassische Kirchenmusik, des Chores der Hochschule für Musik, des Hoftheater-Singchores Mannheim, des Cäcilien-Vereins Ludwigshafen, Einstudierung F. Langer. Die vereinigten Hoftheater-Orchester Mannheim und Karlsruhe unter der Leitung von Felix Mottl

Der gemischte Chor umfasst ca. 1000 Sänger und Sängerinnen.

ZWEITE KAMMERMUSIK-AUFFÜHRUNG: 14. APRIL 1903, VORMITTAGS 11 UHR, MUSENSAAL

Streichquartett in f-Moll, op. 95 — L. v. Beethoven

Joachim-Quartett

Zum neuen Jahr, W 1, Nr. 27 — Hugo Wolf
Auch kleine Dinge, W 5, Nr. 1 — Hugo Wolf
Die Ihr schwebet, W 4, Nr. 4 — Hugo Wolf
Elfenlied, W 1, Nr. 16 — Hugo Wolf
Die Spröde, W 3, Nr. 26 — Hugo Wolf

Jeanette Grumbacher-de Jong (Sopran), Carl Friedberg (Klavier)

Sonate in G-Dur, op. 96 — L. v. Beethoven

Joseph Joachim (Violine), Carl Friedberg (Klavier)

Das Ständchen, W 2, Nr. 4 — Hugo Wolf
Und willst Du Deinen Liebsten sterben sehen, W 5, Nr. 17 — Hugo Wolf
Wir haben beide lange Zeit geschwiegen, W 5, Nr. 19 — Hugo Wolf
Nachtzauber, W 2, Nr. 8 — Hugo Wolf
Auf einer Wanderung, W 1, Nr. 15 — Hugo Wolf

Johannes Messchaert (Bass), Carl Friedberg (Klavier)

Streichquartett in B-Dur, op. 130 — L. v. Beethoven

Joachim-Quartett

ZERSTÖRUNG DURCH KRIEGSEINWIRKUNGEN: 1943

Sanierung und Wiederaufbau konzentrierten sich auf den historischen Vorderbau. Der Musensaal wurde völlig neu gestaltet und durch einen Versammlungssaal, den heutigen Stamitzsaal, ergänzt.

ARCHITEKT DES WIEDERAUFBAUS:
PROF. KARL WILHELM OCHS
WIEDERAUFBAU: 1950-1952

Der renovierte Musensaal wurde mit einem Konzert des Nationaltheater-Orchesters eingeweiht.

Gut zwanzig Jahre später gelang es, den Wiederaufbau des Rosengartens durch einen Neubau zu ergänzen, dessen großer Saal, der heutige Mozartsaal, an die Stelle des ursprünglichen Nibelungensaals trat.

ARCHITEKTEN DES MOZARTSAALS:
WILHELM UND KARL SCHMUCKER
ERÖFFNUNG DES MOZARTSAALS: 1974
ARCHITEKT DER UMGESTALTUNG: ANDREAS SCHMUCKER
UMGESTALTUNG DES NEUBAUS: 2004-2007

Wesentliche Aufgabe dieser Umgestaltung war die Transformation und Erweiterung des Neubaus von 1974 zu einem Glasbau.

ROSENGARTEN, MAIN FRONT (P. 154)
ROSENGARTEN, MOZARTSAAL (P. 155)
ROSENGARTEN, WEST SIDE (P. 156)

LOCATION: MANNHEIM
ARCHITECT: BRUNO SCHMITZ
FESTIVAL HALL DESIGNED: 1898

The Rosengarten was conceived as an ensemble of several richly furnished halls which could be used for artistic and other cultural purposes and were complemented by a very impressive restaurant area.

Constructed: 1900-1903
Opened: Easter 1903
Inaugurated: 11th April 1903
Music Festival: 12th to 14th April 1903
Gala concert: 12th April 1903, 11 a.m., Musensaal

Prelude to Die Meistersinger von Nürnberg — R. Wagner
Der Wachtelschlag, WoO 129 — L. v. Beethoven
Die Allmacht, D. 852 — F. Schubert

Emilie Herzog (Soprano), the combined Court Theatre Orchestras of Mannheim and Karlsruhe conducted by W. Kähler.
The two songs were accompanied by the orchestra.

Sonata in B minor — F. Liszt
Feruccio Busoni (Piano)
Toccata and Fuge in D minor, BWV 565 — J. S. Bach
Albrecht Hänlein (Organ)
Symphony No. 9 in D minor, Op. 125 — L. v. Beethoven

Emilie Herzog (Soprano), Ottilie Metzger (Alto), Karl Burrian (Tenor), Johannes Messchaert (Bass). Members of the Musikverein, the Verein für klassische Kirchenmusik, of the choir of the Hochschule für Musik, of the Mannheim Court Theatre Choir, of the Ludwigshafen Cäcilien-Verein. The combined Court Theatre Orchestras of Mannheim and Karlsruhe conducted by W. Kähler.
The two songs were accompanied by the orchestra.

FIRST CHAMBER MUSIC PERFORMANCE: 12TH APRIL 1903, 7.30 P.M., MUSENSAAL

String Quartet No. 6 in C major, KV 465 — W. A. Mozart
Liebe schwärmt auf allen Wegen, D. 239, No. 6 — F. Schubert
Erster Verlust, D. 226, Op. 5, No. 4 — F. Schubert
An die Laute, D. 905, Op. 81, No. 2 — F. Schubert
Das Lied im Grünen, D. 917 — F. Schubert
String Quartet, Op. 17, No. 5 in G — J. Haydn

Jeanette Grumbacher-de Jong (Soprano), Carl Friedberg (Piano), Joachim Quartet

Gruppen aus dem Tartarus, D. 583, Op. 24, No. 1 — F. Schubert
Wohin?, D. 795, Op. 25, No. 2 — F. Schubert

Nacht and Träume, D. 827, Op. 43, No. 2 — *F. Schubert*
An Schwager Kronos, D. 369, Op. 19, No. 1 — *F. Schubert*
Piano Quintet in F minor, Op. 34 — *J. Brahms*

Johannes Messchaert (Bass), Carl Friedberg (Piano), Joachim Quartet

CHORAL CONCERT: 13TH APRIL 1903
5 P.M., NIBELUNGENSAAL

Ein feste Burg ist unser Gott, BWV 80 — *J. S. Bach*

Emilie Herzog (Soprano), Ottilie Metzger (Alto), Karl Burrian (Tenor), Theodor Bertram (Baritone). Albrecht Hänlein (Organ). Members of the Musikverein, the Verein für klassische Kirchenmusik, of the choir of the Hochschule für Musik, of the Mannheim Court Theatre Choir, of the Ludwigshafen Cäcilien-Verein, chorus master F. Langer. The combined Court Theatre Orchestras of Mannheim and Karlsruhe conducted by Felix Mottl

Wesendonck Lieder — *R. Wagner*

Emilie Herzog (Soprano), the combined Court Theatre Orchestras of Mannheim and Karlsruhe conducted by Felix Mottl

The 13th Psalm — *F. Liszt*

Karl Burrian (Tenor), Members of the Musikverein, the Verein für klassische Kirchenmusik, of the choir of the Hochschule für Musik, of the Mannheim Court Theatre Choir, of the Ludwigshafen Cäcilien-Verein, chorus master F. Langer. The combined Court Theatre Orchestras of Mannheim and Karlsruhe conducted by Felix Mottl

Act 1, Scene 1 from Gunlöd — *Peter Cornelius*

Bertha Morena (Soprano), the combined Court Theatre Orchestras of Mannheim and Karlsruhe conducted by Felix Mottl

Prometheus — *Hugo Wolf*

Fritz Feinhals (Baritone), the combined Court Theatre Orchestras of Mannheim and Karlsruhe conducted by Felix Mottl

Te Deum, WAB 45 — *A. Bruckner*

Emilie Herzog (Soprano), Ottilie Metzger (Alto), Karl Burrian (Tenor), Theodor Bertram (Baritone). Albrecht Hänlein (Organ). Members of the Musikverein, the Verein für klassische Kirchenmusik, of the choir of the Hochschule für Musik, of the Mannheim Court Theatre Choir, of the Ludwigshafen Cäcilien-Verein, chorus master F. Langer. The combined Court Theatre Orchestras of Mannheim and Karlsruhe conducted by Felix Mottl
The mixed choir comprised around 1000 singers.

SECOND CHAMBER MUSIC PERFORMANCE:
14TH APRIL 1903, 11 A.M., MUSENSAAL

String Quartet in F minor, Op. 95 — *L. v. Beethoven*

Joachim Quartet

Zum neuen Jahr, W 1, No. 27 — *Hugo Wolf*
Auch kleine Dinge, W 5, No. 1 — *Hugo Wolf*
Die Ihr schwebet, W 4, No. 4 — *Hugo Wolf*
Elfenlied, W 1, No. 16 — *Hugo Wolf*
Die Spröde, W 3, No. 26 — *Hugo Wolf*

Jeanette Grumbacher-de Jong (Soprano), Carl Friedberg (Piano)

Sonata in G major, Op. 96 — *L. v. Beethoven*

Joseph Joachim (Violin), Carl Friedberg (Piano)

Das Ständchen, W 2, No. 4 — *Hugo Wolf*
Und willst Du Deinen Liebsten sterben sehen, W 5, No. 17 — *Hugo Wolf*
Wir haben beide lange Zeit geschwiegen, W 5, No. 19 — *Hugo Wolf*
Nachtzauber, W 2, No. 8 — *Hugo Wolf*
Auf einer Wanderung, W 1, No. 15 — *Hugo Wolf*

Johannes Messchaert (Bass), Carl Friedberg (Piano)

String Quartet in B major, Op. 130 — *L. v. Beethoven*

Joachim Quartet

DAMAGED BY THE EFFECTS OF WAR: 1943

The restoration and redevelopment concentrated on the historical front structure. The Musensaal was rebuilt in a completely new form and supplemented by an assembly hall, the Stamitzsaal.

ARCHITECT OF THE REDEVELOPMENT:
PROF. KARL WILHELM OCHS
REDEVELOPED: 1950-1952

The renovated Musensaal was inaugurated with a concert by the National Theatre Orchestra.

Over twenty years later, the redeveloped Rosengarten was complemented with a New Building whose new hall, today's Mozartsaal, replaces the original Nibelungensaal.

ARCHITECTS OF THE MOZARTSAAL: WILHELM AND KARL SCHMUCKER
INAUGURATION OF THE MOZARTSAAL: 1974
ARCHITECT OF THE REDEVELOPMENT:
ANDREAS SCHMUCKER
REDEVELOPMENT OF THE NEW BUILDING: 2004-2007

The main purpose of this redevelopment was to transform and extend the 1974 New Building as a glass construction.

ODEON

ORT: MÜNCHEN
ARCHITEKT: LEO VON KLENZE
BAUZEIT: 1826-1828
FERTIGSTELLUNG: 7. JANUAR 1828

Das Konzerthaus wurde mit einem Festball eröffnet.

ERSTES ÖFFENTLICHES KONZERT: 10. MÄRZ 1828

Arie	Joseph Hartmann Stuntz
Kantate zum Gedächtnis an die Hofsängerin Clara Metzger-Vespermann	Joseph Hartmann Stuntz
Flötenkonzert	Theobald Böhm

ZERSTÖRUNG DURCH KRIEGSEINWIRKUNGEN: 25. APRIL 1944
ARCHITEKT DES WIEDERAUFBAUS: JOSEF THEODOR WIEDEMANN
WIEDERAUFBAU: 1951

Das Gebäude wurde zur Nutzung als Innenministerium wiederaufgebaut.

ODEON

LOCATION: MUNICH
ARCHITECT: LEO VON KLENZE
CONSTRUCTED: 1826-1828
COMPLETED: 7TH JANUARY 1828

The concert hall was opened with a ceremonial ball.

FIRST PUBLIC CONCERT: 10TH MARCH 1828

Aria	*Joseph Hartmann Stuntz*
Cantata in Memory of the Court Singer Clara Metzger-Vespermann	*Joseph Hartmann Stuntz*
Flute Concerto	*Theobald Böhm*

SEVERELY DAMAGED BY THE EFFECTS OF WAR: 25TH APRIL 1944
ARCHITECT OF THE REDEVELOPMENT: JOSEF THEODOR WIEDEMANN
REDEVELOPED: 1951

The building was reconstructed for use by the Ministry of the Interior.

MARIENKIRCHE

ORT: NEUBRANDENBURG
BAUZEIT: 1248-1298
ARCHITEKT DES UMBAUS: PEKKA SALMINEN
UMBAU: 1996-2001

ERÖFFNUNGSKONZERT: 13., 14. JULI 2001

Fest- und Gedenksprüche, op. 109	J. Brahms
Missa solemnis D-Dur, op. 123	L. v. Beethoven

Monika Frimmer (Sopran), Elisabeth Wilke (Alt), Gerald Hupach (Tenor), Thomas Wittig (Bass), Albrecht Rau (Violine), Philharmonischer Chor Neubrandenburg e. V., Opernchor des Landestheaters Neustrelitz, Einstudierung durch Gotthard Franke, NDR-Chor Hamburg, Einstudierung durch Werner Hagen, Neubrandenburger Philharmonie unter der Leitung von Nicolás Pasquet

ST. MARY'S CHURCH

LOCATION: NEUBRANDENBURG
CONSTRUCTED: 1248-1298
ARCHITECT OF THE REDEVELOPMENT: PEKKA SALMINEN
REDEVELOPED: 1996-2001

INAUGURAL CONCERTS: 13TH, 14TH JULY 2001

Fest- und Gedenksprüche, Op. 109	*J. Brahms*
Missa solemnis in D major, Op. 123	*L. v. Beethoven*

Monika Frimmer (Soprano), Elisabeth Wilke (Alto), Gerald Hupach (Tenor), Thomas Wittig (Bass), Albrecht Rau (Violin), Neubrandenburg Philharmonic Choir, Opera choir of the Neustrelitz State Theatre, Chorus Master Gotthard Franke, NDR-Chor Hamburg, Chorus Master Werner Hagen, Neubrandenburg Philharmonic Orchestra conducted by Nicolás Pasquet

RESIDENZSCHLOSS, FESTSAAL

ORT: OETTINGEN
ARCHITEKT: MATHIAS WEISS
BAUZEIT: 1679-1687

Der Festsaal wird seit dem 20. Oktober 1984 für Konzertaufführungen genutzt.

COUNTS' PALACE (RESIDENZSCHLOSS), FESTSAAL (BANQUETING HALL)

LOCATION: OETTINGEN
ARCHITECT: MATHIAS WEISS
CONSTRUCTED: 1679-1687

The banqueting hall has been used for concerts since 20th October 1984.

MASCHINENHAUS, TURBINENSAAL

ORT: PEENEMÜNDE
BAUZEIT DER TURBINENHALLE: CA. 1939 BIS 1942
UMBAU ZUR NUTZUNG U.A. ALS KONZERTSAAL: AB 1999
ERSTE NUTZUNG ALS KONZERTSAAL: 28. SEPTEMBER 2002

Usedomer Musikfestival
War Requiem — Benjamin Britten

NDR Chor, Radio-Philharmonie Hannover des NDR, Mitglieder des NDR Sinfonieorchesters unter der Leitung von Mstislav Rostropovich

ENGINE HOUSE, TURBINE HALL (MASCHINENHAUS, TURBINENSAAL)

LOCATION: PEENEMÜNDE
CONSTRUCTION OF THE TURBINE HALL: C. 1939 TO 1942
REDEVELOPED FOR USE AS, AMONG OTHER THINGS, A CONCERT HALL: FROM 1999
FIRST USE AS A CONCERT HALL: 28TH SEPTEMBER 2002

Usedom Music Festival
War Requiem — Benjamin Britten

NDR Choir, Hanover NDR Radio Philharmonic Orchestra, Members of the NDR Symphony Orchestra conducted by Mstislav Rostropovich

NIKOLAISAAL

ORT: POTSDAM
ARCHITEKT: RUDY RICCIOTTI
BAUZEIT: 1998-2000
ERÖFFNUNG: 27. AUGUST 2000

»Le thème du Roi« – Metamorphosen für Orchester, op. 104 (Uraufführung)	Gisbert Näther
Orchesterkonzert D-Dur (Potsdamer Musik Nr. 2) für großes Orchester	Hans Chemin-Petit
Sinfonie Nr. 41 C-Dur, KV 551 »Jupiter«	W. A. Mozart

Staatsorchester Frankfurt (Oder) unter Leitung von Sebastian Weigle

NIKOLAISAAL

LOCATION: POTSDAM
ARCHITECT: RUDY RICCIOTTI
CONSTRUCTED: 1998-2000
INAUGURATED: 27TH AUGUST 2000

»Le thème du Roi« – Metamorphoses for Orchestra, Op. 104 (first performance)	*Gisbert Näther*
Concerto for Orchestra in D major (Potsdamer Musik No. 2) for large Orchestra	*Hans Chemin-Petit*
Symphony No. 41 in C major, KV 551 »The Jupiter«	*W. A. Mozart*

Staatsorchester Frankfurt (Oder) conducted by Sebastian Weigle

Il Bagno, Grande Galerie pour les Concerts

Ort: Steinfurt
Architekt: Gräflicher Oberforstrat
Johann Joest von Loen
Bauzeit: 1747-1774
Eröffnungskonzert: 14. März 1997

Streichquartett C-Dur, op. 50, Nr. 2, Hob III: 45	J. Haydn
»A Way A Lone« für Streichquartett	Toru Takemitsu
Streichquartett F-Dur, op. 59, Nr. 1, »Rasumowsky«	L. v. Beethoven

Tokyo String Quartett

Il Bagno, Grande Galerie pour les Concerts

Location: Steinfurt
Architect: Gräflicher Oberforstrat
Johann Joest von Loen
Constructed: 1747-1774
Inaugural Concert: 14th March 1997

String Quartet in C major, Op. 50, No. 2, Hob III: 45	*J. Haydn*
»A Way A Lone« for String Quartet	*Toru Takemitsu*
String Quartet in F major, Op. 59, No. 1, »Razumovsky«	*L. v. Beethoven*

Tokyo String Quartet

Neue Liederhalle, Beethovensaal

Ort: Stuttgart
Architekten: Adolf Abel, Rolf Gutbrod
Bauzeit: 1955-1956
Eröffnungskonzert: 29. Juli 1956

Werke von Johann Sebastian Bach, Stuttgarter Kammerorchester unter der Leitung von Karl Münchinger

Carmina Burana — Carl Orff

Leitung: Ferdinand Leitner

Erstes öffentliches Konzert: 2. August 1956

Chöre des Stuttgarter Liederkranzes, Stuttgarter Philharmoniker

Neue Liederhalle, Beethovensaal

Location: Stuttgart
Architects: Adolf Abel, Rolf Gutbrod
Constructed: 1955-1956
Inaugural Concert: 29th July 1956

Works by Johann Sebastian Bach, Stuttgart Chamber Orchestra conducted by Karl Münchinger

Carmina Burana — *Carl Orff*

Conducted by Ferdinand Leitner

First public concert: 2nd August 1956

Choirs of the Stuttgart »Liederkranz«, Stuttgart Philharmonic Orchestra

Kurhaus, Friedrich-von-Thiersch-Saal

Ort: Wiesbaden
Architekt: Friedrich von Thiersch
Bauzeit: 1905-1907
Eröffnung: 11. Mai 1907

Die Einweihungsfeier fand in Anwesenheit von Kaiser Wilhelm II. statt.

Renovierung: 1983-1987
Feierlichkeiten zur Wiedereröffnung:
4. bis 10. Dezember 1987

Kurhaus, Friedrich-von-Thiersch-Saal

Location: Wiesbaden
Architect: Friedrich von Thiersch
Constructed: 1905-1907
Inaugurated: 11th May 1907

The inauguration took place in the presence of the Emperor Wilhelm II.

Restored: 1983-1987
Reopening ceremonies: 4th to 10th December 1987

FINNLAND

FINLANDIA-TALO

ORT: HELSINKI
ARCHITEKT: ALVAR AALTO
BAUZEIT: 1967-1972
ERÖFFNUNGSKONZERT: 2. DEZEMBER 1971

Meren tytär, Konzert für Sopran, Chor und Orchester	Einojuhani Rautavaara
Sinfonie Nr. 1, op. 24	Aulis Sallisen
Violinkonzert in d-Moll, op. 47	Jean Sibelius

Mariaheidi Rautavaara (Sopran), Isaac Stern (Violine), Akateeminen Laulu ry, Helsingin kaupunginorkesteri unter der Leitung von Jorma Panula
E. Rautavaara und A. Sallisen gewannen jeweils den 1. Preis bei Kompositionswettbewerben anlässlich der Eröffnung der Finlandiahalle.

RENOVIERUNG: 1998

FINLANDIA-TALO

LOCATION: HELSINKI
ARCHITECT: ALVAR AALTO
CONSTRUCTED: 1967-1972
INAUGURAL CONCERT: 2ND DECEMBER 1971

Meren tytär, Concerto for Soprano, Choir and Orchester	*Einojuhani Rautavaara*
Symphony No. 1, Op. 24	*Aulis Sallisen*
Violin Concerto in D minor, Op. 47	*Jean Sibelius*

Mariaheidi Rautavaara (Soprano), Isaac Stern (Violin), Akateeminen Laulu ry, Helsingin kaupunginorkesterin conducted by Jorma Panula
E. Rautavaara and A. Sallisen won each the 1st prize in composition competitions for the inauguration of the Finlandia Hall.

RENOVATION: 1998

KONGRESSI- JA KONSERTTIKESKUS SIBELIUSTALO

ORT: LAHTI
ARCHITEKTEN: HANNU TIKKA UND KIMMO LINTULA

In die Konzeption des Konzertgebäudes wurde ein Sägewerk von 1907 einbezogen.

FERTIGSTELLUNG: 2000
ERÖFFNUNGSKONZERT: 9. MÄRZ 2000

Lemminkäisen seikkailut Saaressa (1934)	Uuno Klami
Luonnotar, op. 70	Jean Sibelius
Zwischenspiele aus der Oper Viimeiset kiusaukset (1977)	Joonas Kokkonen
Sinfonie Nr. 11 (1997-98, Welturaufführung)	Kalevi Aho

Kirsi Tiihonen (Sopran), Kroumata slagverkskvartett (Perkussionsensemble Kroumata), Lahden kaupunginorkesteri (Philharmonie von Lahti) unter der Leitung von Osmo Vänskä

ARCHITEKTEN DER ERWEITERUNG: HELI JAVANAINEN UND ANITTA OJANEN (ARKKITEHTITOIMISTO ARKIT OY)
BAUJAHR DER ERWEITERUNG: 2009

KONGRESSI- JA KONSERTTIKESKUS SIBELIUSTALO

LOCATION: LAHTI
ARCHITECTS: HANNU TIKKA AND KIMMO LINTULA

A sawmill from 1907 was included in the design for the concert hall.

COMPLETED: 2000
INAUGURAL CONCERT: 9TH MARCH 2000

Lemminkäisen seikkailut Saaressa (1934)	*Uuno Klami*
Luonnotar, Op. 70	*Jean Sibelius*
Interludes from the opera Viimeiset kiusaukset (1977)	*Joonas Kokkonen*
Symphony No. 11 (1997-98, world première)	*Kalevi Aho*

Kirsi Tiihonen (Soprano), Kroumata slagverkskvartett (Kroumata Percussion Ensemble), Lahden kaupunginorkesteri (Lahti Philharmonic Orchestra) conducted by Osmo Vänskä

ARCHITECTS OF THE EXTENSION: HELI JAVANAINEN AND ANITTA OJANEN (ARKKITEHTITOIMISTO ARKIT OY)
DATE OF THE EXTENSION: 2009

Frankreich

Le Kursaal

Ort: Besançon
Erste Inbetriebnahme: 1893
Wiedereröffnung: September 1982

Le Kursaal

Location: Besançon
Inaugurated: 1893
Reopened: September 1982

Maison folie de Wazemmes

Ort: Lille
Baujahr: 1855

Von 1855 bis 1990 wurde in den Fabrikgebäuden eine Baumwollspinnerei betrieben.

Architekt der Umgestaltung:
Lars Spuybroek (Architekturbüro Nox)
Umgestaltung: 2003-2004
Einweihung als Kulturzentrum: 6. März 2004

Erste Ausstellungen und Veranstaltungen im Rahmen des Festivals Lille 2004, Kulturhauptstadt Europas

Maison folie de Wazemmes

Location: Lille
Constructed: 1855

From 1855 to 1990 the factory buildings housed a cotton mill.

Architect of the redevelopment: Lars Spuybroek (NOX Architecture Studio)
Redeveloped: 2003-2004
Inauguration as a cultural centre: 6th March 2004

First exhibitions and events within the Lille 2004 – European Capital of Culture festival

Zénith de Limoges Métropole

Ort: Limoges
Architekturbüros: Bernard Tschumi – BTuA (Paris), Architecture 4 (Limoges)
Bauzeit: 2005-2006
Einweihung: 17. März 2007
1. Veranstaltung: 13. Juni 2007

Ze(re)tour 2007 Michel Polnareff

Zénith de Limoges Métropole

Location: Limoges
Architects' offices: Bernard Tschumi – BTuA (Paris), Architecture 4 (Limoges)
Constructed: 2005-2006
Inaugurated: 17th March 2007
1st event: 13th June 2007

Ze(re)tour 2007 Michel Polnareff

HALLE TONY GARNIER

ORT: LYON
ARCHITEKT: TONY GARNIER
BAUZEIT: 1909-1914, 1920-1928
ERÖFFNUNG: 22. MAI 1914

Zunächst beherbergten die Gebäude die Exposition internationale de Lyon. Entsprechend ihrer ursprünglichen Bestimmung wurden sie von 1928 bis 1967 als Schlachthof genutzt.

ARCHITEKTEN DER 1. RENOVIERUNG: REICHEN & ROBERT
1. RENOVIERUNG: 1988
ARCHITEKT DER 2. RENOVIERUNG: ALBERT CONSTANTIN
2. RENOVIERUNG: 1999-2000
EINWEIHUNG DER MEHRZWECKHALLE: 8. DEZEMBER 1988
1. VERANSTALTUNG: LA HALLE DES ENFANTS D'EUROPE

HALLE TONY GARNIER

LOCATION: LYON
ARCHITECT: TONY GARNIER
CONSTRUCTED: 1909-1914, 1920-1928
INAUGURATED: 22ND MAY 1914

The buildings first housed the 1914 Lyon Exposition internationale. In keeping with their original purpose, they were used as an abattoir from 1928 to 1967.

ARCHITECTS OF THE 1ST REDEVELOPMENT: REICHEN & ROBERT
1ST REDEVELOPMENT: 1988
ARCHITECT OF THE 2ND REDEVELOPMENT: ALBERT CONSTANTIN
2ND REDEVELOPMENT: 1999-2000
INAUGURATION OF THE MULTIPURPOSE BUILDING: 8TH DECEMBER 1988
1ST EVENT: LA HALLE DES ENFANTS D'EUROPE

L'ARSENAL

ORT: METZ
BAUZEIT: 1860-1864

Das ehemalige Arsenal Ney wurde unter Napoléon III als Kaserne erbaut.

ARCHITEKT DER UMGESTALTUNG: RICARDO BOFILL
UMGESTALTUNG: 1989
EINWEIHUNG: 26. FEBRUAR 1989

Konzert der Cellisten des Metzer Konservatoriums

L'ARSENAL

LOCATION: METZ
CONSTRUCTED: 1860-1864

The former Ney Arsenal was built under Napoléon III as a barracks.

ARCHITECT OF THE REDEVELOPMENT: RICARDO BOFILL
REDEVELOPMENT: 1989
INAUGURATED: 26TH FEBRUARY 1989

Concert by the cellists of the Metzer Conservatory

SALLE GAVEAU

ORT: PARIS
ARCHITEKT: JACQUES HERMANT
BAUZEIT: 1906-1907
ERÖFFNUNG: 3. OKTOBER 1907

Konzert des Lehrergesangvereins Bremen

ARCHITEKT DER RESTAURIERUNG: ALAIN-CHARLES PERROT
ERÖFFNUNG DES RESTAURIERTEN SAALS: 8. JANUAR 2001

SALLE GAVEAU

LOCATION: PARIS
ARCHITECT: JACQUES HERMANT
CONSTRUCTED: 1906-1907
INAUGURATED: 3RD OCTOBER 1907

Concert by the Bremen Lehrergesangverein (Teachers' Choral Society)

ARCHITECT OF THE RESTORATION: ALAIN-CHARLES PERROT
INAUGURATION OF THE RESTORED HALL: 8TH JANUARY 2001

Salle Pleyel

Ort: Paris
Architekt: Gustave Lyon
Baujahr: 1927
Eröffnungskonzert: 18. Oktober 1927

Vorspiel zu Die Meistersinger von Nürnberg	R. Wagner
Nocturnes	Claude Debussy
Nuits dans les Jardins d'Espagne	Manuel de Falla
L'Oiseau de feu	Igor Stravinski
L'Apprenti Sorcier	Paul Dukas
Variations Symphoniques	César Franck
La Valse	Maurice Ravel

Robert Casadesus (Klavier), Orchestre de la Société des Concerts du Conservatoire unter der Leitung von Philippe Gaubert, Igor Stravinski und Maurice Ravel

Architekten der Renovierung: François Ceria architectes - Artec Consultants Inc.
Renovierung: 2002-2006
Wiedereröffnung: 13. September 2006

Sinfonie Nr. 2 in c-Moll »Auferstehungssinfonie«	G. Mahler

Orchestre de Paris unter der Leitung von Christoph Eschenbach

Salle Pleyel

Location: Paris
Architect: Gustave Lyon
Constructed: 1927
Inaugural Concert: 18th October 1927

Prelude to Die Meistersinger von Nürnberg	*R. Wagner*
Nocturnes	*Claude Debussy*
Nuits dans les Jardins d'Espagne	*Manuel de Falla*
L'Oiseau de feu	*Igor Stravinsky*
L'Apprenti Sorcier	*Paul Dukas*
Variations Symphoniques	*César Franck*
La Valse	*Maurice Ravel*

Robert Casadesus (Piano), Orchestre de la Société des Concerts du Conservatoire conducted by Philippe Gaubert, Igor Stravinsky and Maurice Ravel

Architects of the restoration: François Ceria architectes – Artec Consultants Inc.
Restored: 2002-2006
Reopened: 13th September 2006

Symphony No. 2 in C minor »Auferstehungssinfonie«	*G. Mahler*

Orchestre de Paris conducted by Christoph Eschenbach

Le Cirque

Ort: Reims
Architekt: Narcisse Brunette
Baujahr: 1865

In den Jahren vor dem Ersten Weltkrieg wurde es üblich, Le Cirque auch für musikalische Veranstaltungen zu verwenden.

Wiedereröffnung nach Behebung von Kriegsschäden: 1. Oktober 1921
Abschluss der Restaurierung: 1991

Le Cirque

Location: Reims
Architect: Narcisse Brunette
Constructed: 1865

In the years preceding the First World War, it became common for Le Cirque to be used also for musical events.

Reopened after repair of war damage: 1st October 1921
Restoration completed: 1991

Le Manège de Reims

Ort: Reims
Architekt: Narcisse Brunette
Baujahr: 1865
Abschluss der Umgestaltung: 1991
Eröffnung des Saales: 7. Januar 1991

Pas de deux Instant rose	Dominique Khalfouni und Denys Ganis (Tanz)
Sonate Nr. 4 Es-Dur, KV 282	W. A. Mozart

Eric Heidsieck (Klavier), La Chambre des Lumières
Spectacle »Art et Technologie« du CNAT

Le Manège de Reims

Location: Reims
Architect: Narcisse Brunette
Constructed: 1865
Redevelopment completed: 1991
Inauguration of the hall: 7th January 1991

Pas de deux Instant rose	*Dominique Khalfouni and Denys Ganis (dance)*
Sonata No. 4 E flat major, KV 282	*W. A. Mozart*

Eric Heidsieck (piano), La Chambre des Lumières »Art et Technologie« Spectacle of the CNAT

Zénith de Saint-Étienne Métropole

Ort: Saint-Étienne
Architekten: Lord Norman Foster, Hugh Stewart, Dominique Berger, Luc Trouillet
Bauzeit: 2004-2008
Eröffnung: 6. Oktober 2008

In Anwesenheit von Lord Norman Foster und Johnny Hallyday

1. Eröffnungskonzert: 12. Oktober 2008

Dub Incorporation

2. Eröffnungskonzert: 13. Oktober 2008

Bernard Lavilliers

Zénith de Saint-Étienne Métropole

Location: Saint-Étienne
Architects: Lord Norman Foster, Hugh Stewart, Dominique Berger, Luc Trouillet
Constructed: 2004-2008
Inaugurated: 6th October 2008

In the presence of Lord Norman Foster and Johnny Hallyday

1st Inaugural Concert: 12th October 2008

Dub Incorporation

2nd Inaugural Concert: 13th October 2008

Bernard Lavilliers

Grossbritannien

Ulster Hall

Ort: Belfast
Architekt: William J. Barre
Baujahr: 1859
Eröffnung: 12. Mai 1862
Architekt der Restaurierung: Dawson Stelfox
Restaurierung: 2007-2009
Wiedereröffnung: 6. März 2009

Galakonzert des Ulster Orchestra

Ulster Hall

Location: Belfast
Architect: William J. Barre
Constructed: 1859
Inaugurated: 12th May 1862
Architect of the restoration: Dawson Stelfox
Restored: 2007-2009
Reopened: 6th March 2009

Gala concert by the Ulster Orchestra

SYMPHONY HALL

ORT: BIRMINGHAM
ARCHITEKTURBÜROS: PERCY THOMAS PARTNERSHIP UND RENTON HOWARD WOOD LEVIN
BAUZEIT: 1984-1991
ERÖFFNUNGSKONZERT: 15. APRIL 1991

L'Oiseau de feu	Igor Stravinski
Daphnis et Chloé	Maurice Ravel

City of Birmingham Symphony Orchestra unter der Leitung von Sir Simon Rattle

SYMPHONY HALL

LOCATION: BIRMINGHAM
ARCHITECTS' OFFICES: PERCY THOMAS PARTNERSHIP AND RENTON HOWARD WOOD LEVIN
CONSTRUCTED: 1984-1991
INAUGURAL CONCERT: 15TH APRIL 1991

L'Oiseau de feu	*Igor Stravinsky*
Daphnis et Chloé	*Maurice Ravel*

City of Birmingham Symphony Orchestra conducted by Sir Simon Rattle

TOWN HALL

ORT: BIRMINGHAM
ARCHITEKTEN: JOSEPH HANSOM, EDWARD WELCH
BAUZEIT: 1832-1834
EINWEIHUNG: 7. OKTOBER 1834
ARCHITEKT DER RENOVIERUNG: CHARLES EDGE
RENOVIERUNGEN: 1835, 1837, 1850
RESTAURIERUNG: 1996-2007
OFFIZIELLE WIEDERERÖFFNUNG: 22. APRIL 2008
KONZERT ANLÄSSLICH DER WIEDERERÖFFNUNG: 4. OKTOBER 2007

Handel's Messiah	Quincy Jones

Gospelchöre und Bigbands

TOWN HALL

LOCATION: BIRMINGHAM
ARCHITECTS: JOSEPH HANSOM, EDWARD WELCH
CONSTRUCTED: 1832-1834
INAUGURATED: 7TH OCTOBER 1834
ARCHITECT OF THE 19TH-CENTURY RENOVATIONS: CHARLES EDGE
RENOVATED: 1835, 1837, 1850
RESTORED: 1996-2007
OFFICIALLY REOPENED: 22ND APRIL 2008
REOPENING CONCERT: 4TH OCTOBER 2007

Handel's Messiah	*Quincy Jones*

Gospel choirs and big bands

USHER HALL

ORT: EDINBURGH
ARCHITEKTEN: STOCKDALE HARRISON, HOWARD H THOMSON
BAUZEIT: 1911-1914
ERÖFFNUNGSKONZERT: 16. MÄRZ 1914

Werke von Georg Friedrich Händel, Johann Sebastian Bach, Richard Wagner, Ludwig van Beethoven, Hamish MacCunn

RENOVIERUNG: 1998-2000
KONZERT ZUR WIEDERERÖFFNUNG: 8. DEZEMBER 2000

Benefizkonzert mit José Carreras

USHER HALL

LOCATION: EDINBURGH
ARCHITECTS: STOCKDALE HARRISON, HOWARD H THOMSON
CONSTRUCTED: 1911-1914
INAUGURAL CONCERT: 16TH MARCH 1914

Works by George Frideric Handel, Johann Sebastian Bach, Richard Wagner, Ludwig van Beethoven, Hamish MacCunn.

REFURBISHED: 1998-2000
REOPENING CONCERT: 8TH DECEMBER 2000

Benefit concert with José Carreras

THE SAGE

ORT: GATESHEAD
ARCHITEKTURBÜRO: FOSTER + PARTNERS
PLANUNGS- UND BAUZEIT: 1996-2004
ERÖFFNUNGSFEST: 17.-19. DEZEMBER 2004
EINWEIHUNG: 14. OKTOBER 2005

THE SAGE

LOCATION: GATESHEAD
ARCHITECTS' OFFICE: FOSTER + PARTNERS
PLANNING AND CONSTRUCTION: 1996-2004
OPENING FESTIVAL: 17TH-19TH DECEMBER 2004
INAUGURATED: 14TH OCTOBER 2005

OLD FRUITMARKET

ORT: GLASGOW
ARCHITEKT: JOHN CARRICK
BAUJAHR: 1882

Die Halle wurde bis in die Siebzigerjahre des 20. Jahrhunderts als Markthalle verwendet.

ARCHITEKT DES UMBAUS ZUR KONZERTHALLE:
KERR ROBERTSON
UMBAU: 2003-2006
WIEDERERÖFFNUNG: 13. JANUAR 2006

Konzert der Gruppen Lùnasa und Le Vent du Nord im Rahmen des internationalen Musikfestivals Celtic Connections

OLD FRUITMARKET

LOCATION: GLASGOW
ARCHITECT: JOHN CARRICK
CONSTRUCTED: 1882

Until the 1970s the hall was used as a market hall.

ARCHITECT OF THE REDEVELOPMENT AS A CONCERT HALL:
KERR ROBERTSON
REDEVELOPED: 2003-2006
REOPENED: 13TH JANUARY 2006

Concert by the bands Lùnasa and Le Vent du Nord within the international Celtic Connections music festival

ROYAL CONCERT HALL

ORT: GLASGOW
ARCHITEKT: SIR LESLIE MARTIN
BAUZEIT: 1988-1990
ERÖFFNUNGSKONZERT: 5. OKTOBER 1990

Carillon — Thomas Wilson
Rainbow 90 — Thea Musgrave

Werke von Ludwig van Beethoven und Ralph Vaughan Williams

Scottish National Orchestra

ROYAL CONCERT HALL

LOCATION: GLASGOW
ARCHITECT: SIR LESLIE MARTIN
CONSTRUCTED: 1988-1990
INAUGURAL CONCERT: 5TH OCTOBER 1990

Carillon — Thomas Wilson
Rainbow 90 — Thea Musgrave

Works by Ludwig van Beethoven and Ralph Vaughan Williams

Scottish National Orchestra

PHILHARMONIC HALL

ORT: LIVERPOOL
ARCHITEKT: HERBERT JAMES ROWSE
ENDE DER BAUZEIT: 1939
ERÖFFNUNGSKONZERT: 19. JUNI 1939

Werke von Edward Elgar, Carl Maria von Weber, Georg Friedrich Händel, Pjotr Iljitsch Tschaikowski, Ludwig van Beethoven, Edvard Grieg

Liverpool Philharmonic Orchestra unter der Leitung von Sir Thomas Beecham

PHILHARMONIC HALL

LOCATION: LIVERPOOL
ARCHITECT: HERBERT JAMES ROWSE
CONSTRUCTION COMPLETED: 1939
INAUGURAL CONCERT: 19TH JUNE 1939

Works by Edward Elgar, Carl Maria von Weber, George Frideric Handel, Pyotr Ilyich Tchaikovsky, Ludwig van Beethoven, Edvard Grieg

Liverpool Philharmonic Orchestra conducted by Sir Thomas Beecham

ST. GEORGE'S HALL

ORT: LIVERPOOL
ARCHITEKTEN UND INGENIEURE:
HARVEY LONSDALE ELMES, JOHN WEIGHTMAN,
ROBERT RAWLINSON, SIR CHARLES COCKERELL
BAUZEIT: 1842-1854

Die Grundsteinlegung fand am 28. Juni 1838 in Erinnerung an die Krönung von Königin Viktoria statt.

EINWEIHUNG: 18. SEPTEMBER 1854
ERÖFFNUNG: MAI 1855
UMBAUTEN UND RENOVIERUNG: AB 2000
WIEDERERÖFFNUNG: 23. APRIL 2007

Die Wiedereröffnung fand in Anwesenheit seiner Hoheit des Prinzen von Wales statt und wurde mit einer Woche außergewöhnlicher Veranstaltungen gefeiert.

ST. GEORGE'S HALL

LOCATION: LIVERPOOL
ARCHITECTS AND ENGINEERS: HARVEY LONSDALE ELMES,
JOHN WEIGHTMAN, ROBERT RAWLINSON,
SIR CHARLES COCKERELL
CONSTRUCTED: 1842-1854

The cornerstone was ceremonially laid on 28th June 1838 in commemoration of Queen Victoria's coronation.

DEDICATION: 18TH SEPTEMBER 1854
INAUGURATED: MAY 1855
ALTERATIONS AND RENOVATION: FROM 2000
REOPENED: 23RD APRIL 2007

The hall was reopened in the presence of HRH the Prince of Wales and was celebrated with a week of exceptional events.

ROYAL ALBERT HALL

ORT: LONDON
ARCHITEKTEN: CAPTAIN F. FOWKE,
MAJOR-GENERAL H. Y. D. SCOTT
BAUZEIT: 1867-1871
ERÖFFNUNGSFEIER: 29. MÄRZ 1871
ERSTES KONZERT: 1. MAI 1871

On Shore and Sea — Arthur Sullivan

RENOVIERUNG UND UMBAU: 1996-2004

ROYAL ALBERT HALL

LOCATION: LONDON
ARCHITECTS: CAPTAIN F. FOWKE,
MAJOR-GENERAL H. Y. D. SCOTT
CONSTRUCTED: 1867-1871
OPENING CEREMONY: 29TH MARCH 1871
FIRST CONCERT: 1ST MAY 1871

On Shore and Sea — Arthur Sullivan

RENOVATED AND REDEVELOPED: 1996-2004

WIGMORE HALL

ORT: LONDON
ARCHITEKT: THOMAS EDWARD COLLCUTT
BAUZEIT: 1899-1901
ERÖFFNUNGSKONZERT: 31. MAI 1901

Klaviersonate in E-Dur, op. 109	L. v. Beethoven
Nacht und Träume, D. 827	F. Schubert
Der Jüngling an der Quelle, D. 300	F. Schubert
Erlkönig, D. 328	F. Schubert
Sonate in f-Moll, BWV 1018	J. S. Bach
Dormez-vous?	Jean-Baptiste Weckerlin
Villanelle	Daniel-François-Esprit Auber
Aus den Sonaten und Partiten für Violine solo	J. S. Bach
Romanze in G-Dur, op. 40	L. v. Beethoven
Gottes ist der Orient, op. 25, Nr. 8	R. Schumann
Fluthenreicher Ebro, op. 138, Nr. 5	R. Schumann
Zwei venezianische Gondellieder, op. 25, Nr. 17	R. Schumann
Der Hidalgo, op. 30, Nr. 3	R. Schumann
Variationen über ein Thema von Paganini, op. 35	J. Brahms

Kammerkonzert mit Feruccio Busoni (Klavier), Eugène Ysaÿe (Geige), Helen Trust (Sopran) und Raimund von Zur-Mühlen (Tenor)

RENOVIERUNG: 2004

WIGMORE HALL

LOCATION: LONDON
ARCHITECT: THOMAS EDWARD COLLCUTT
CONSTRUCTED: 1899-1901
INAUGURAL CONCERT: 31ST MAY 1901

Piano Sonata in E major, Op. 109	*L. v. Beethoven*
Nacht und Träume, D. 827	*F. Schubert*
Der Jüngling an der Quelle, D. 300	*F. Schubert*
Erlkönig, D. 328	*F. Schubert*
Sonata in F minor, BWV 1018	*J. S. Bach*
Dormez-vous?	*Jean-Baptiste Weckerlin*
Villanelle	*Daniel-François-Esprit Auber*
Selections from the Sonatas and Partitas for solo violin	*J. S. Bach*
Romance in G major, Op. 40	*L. v. Beethoven*
Gottes ist der Orient, Op. 25, No. 8	*R. Schumann*
Fluthenreicher Ebro, Op. 138, No. 5	*R. Schumann*
Two Venetian Gondola Songs, Op. 25, No. 17	*R. Schumann*
Der Hidalgo, Op. 30, No. 3	*R. Schumann*
Variations on a Theme by Paganini, Op. 35	*J. Brahms*

Chamber concert with Feruccio Busoni (Piano), Eugène Ysaÿe (Violin), Helen Trust (Soprano) and Raimund von Zur-Mühlen (Tenor)

REFURBISHED: 2004

THE BRIDGEWATER HALL

ORT: MANCHESTER
ARCHITEKTURBÜRO: RENTON HOWARD WOOD LEVIN
BAUZEIT: 1993-1996
ERÖFFNUNGSKONZERT: 11. SEPTEMBER 1996

Sometime Voices Welturaufführung	George Benjamin

William Dazeley (Bariton), Hallé Choir and Orchestra unter der Leitung von Kent Nagano

EINWEIHUNG: 4. DEZEMBER 1996

THE BRIDGEWATER HALL

LOCATION: MANCHESTER
ARCHITECTS' OFFICE: RENTON HOWARD WOOD LEVIN
CONSTRUCTED: 1993-1996
INAUGURAL CONCERT: 11TH SEPTEMBER 1996

Sometime Voices *World première*	*George Benjamin*

William Dazeley (Baritone), Hallé Choir and Orchestra conducted by Kent Nagano

INAUGURATED: 4TH DECEMBER 1996

Holywell Music Room

Ort: Oxford
Architekt: Thomas Camplin
Baujahr: 1748
Renovierung: 1959-1960

Holywell Music Room

Location: Oxford
Architect: Thomas Camplin
Constructed: 1748
Renovated: 1959-1960

Sheldonian Theatre

Ort: Oxford
Architekt: Sir Christopher Wren
Bauzeit: 1664-1669
Einweihung: 9. Juli 1669

Sheldonian Theatre

Location: Oxford
Architect: Sir Christopher Wren
Constructed: 1664-1669
Inaugurated: 9th July 1669

City Hall

Ort: Sheffield
Architekt: Emmanuel Vincent Harris
Bauzeit: 1929-1932
Eröffnung: 22. September 1932

City Hall

Location: Sheffield
Architect: Emmanuel Vincent Harris
Constructed: 1929-1932
Inaugurated: 22nd September 1932

NEUADD Y BRANGWYN

ORT: SWANSEA
ARCHITEKT: PERCY THOMAS
BAUZEIT: 1930-1934
ERÖFFNUNG: 23. OKTOBER 1934

NEUADD Y BRANGWYN / BRANGWYN HALL

LOCATION: SWANSEA
ARCHITECT: PERCY THOMAS
CONSTRUCTED: 1930-1934
INAUGURATED: 23RD OCTOBER 1934

IRLAND

NATIONAL CONCERT HALL

ORT: DUBLIN
BAUZEIT: 1863-1865
ARCHITEKTEN DES URSPRÜNGLICHEN GEBÄUDES:
AFRED GRESHAM JONES, FREDERICK DARLEY

Der Konzertsaal geht auf die Great Concert Hall des Exhibition Palace and Winter Garden zurück.

ERÖFFNUNG: 9. MAI 1865
ARCHITEKT DER ERSTEN UMGESTALTUNG:
EDWARD KAVANAGH
ERSTE UMGESTALTUNG: 1884-1885

Die erste Umgestaltung wurde erforderlich, da die Gebäude 1883 Sitz der Royal University of Ireland wurden.

ARCHITEKT DER ZWEITEN UMGESTALTUNG:
RUDOLF MAXIMILIAN BUTLER
ZWEITE UMGESTALTUNG: 1914-1919
ARCHITEKTEN DER UMGESTALTUNG ZUR NATIONAL CONCERT HALL: OFFICE OF PUBLIC WORKS
DRITTE UMGESTALTUNG: 1978-1981

Der Konzertsaal wurde vom Präsidenten der Republik Irland, Patrick John Hillery, eröffnet.

Sinfonie Nr. 9 in d-Moll, op. 125 — L. v. Beethoven
Sinfonie Nr. 3 »Ceol« — Seóirse Bodley

Violet Twomey (Sopran), Bernadette Greevy (Alt), Louis Browne (Tenor), William Young (Bass), Aindreas Ó Gallchóir (Erzähler), RTÉ Singers, RTÉ Chorus, boy choristers of St Patrick's Cathedral and Our Lady's Choral Society, RTÉSO unter der Leitung von Colman Pearce

ERÖFFNUNG: 9. SEPTEMBER 1981

NATIONAL CONCERT HALL / AN CEOLÁRAS NÁISIÚNTA

LOCATION: DUBLIN
CONSTRUCTED: 1863-1865
ARCHITECTS OF THE ORIGINAL BUILDING: AFRED GRESHAM JONES, FREDERICK DARLEY

The Concert Hall incorporates the Great Concert Hall of the Exhibition Palace and Winter Garden.

OPENED: 9TH MAY 1865
ARCHITECT OF THE FIRST REDEVELOPMENT: EDWARD KAVANAGH
FIRST REDEVELOPMENT: 1884-1885

The first redevelopment was necessary because from 1883 the buildings housed the Royal University of Ireland.

ARCHITECT OF THE SECOND REDEVELOPMENT:
RUDOLF MAXIMILIAN BUTLER
SECOND REDEVELOPMENT: 1914-1919
ARCHITECTS OF THE REDEVELOPMENT AS THE NATIONAL CONCERT HALL: OFFICE OF PUBLIC WORKS
THIRD REDEVELOPMENT: 1978-1981

The Concert Hall was opened by Patrick John Hillery, President of the Republic of Ireland.

Symphony No. 9 in D minor, Op. 125 — L. v. Beethoven
Symphony No. 3 »Ceol« — Seóirse Bodley

Violet Twomey (Soprano), Bernadette Greevy (Alto), Louis Browne (Tenor), William Young (Bass), Aindreas Ó Gallchóir (Narrator), RTÉ Singers, RTÉ Chorus, boy choristers of St Patrick's Cathedral and Our Lady's Choral Society, RTÉSO conducted by Colman Pearce

INAUGURATED: 9TH SEPTEMBER 1981

ISLAND

HARPA

ORT: REYKJAVÍK
ARCHITEKTENBÜRO: HENNING LARSEN ARCHITECTS IN ZUSAMMENARBEIT MIT OLAFUR ELIASSON
BAUJAHR: 2010
ERSTE KONZERTE: 4., 5. UND 6. MAI 2011

Welcome, Harpa	Þorkell Sigurbjörnsson
Sinfonie Nr. 9 in d-Moll, op. 125	L. v. Beethoven

Sinfóníuhljómsveit Íslands unter der Leitung von Vladimir Ashkenazy

EINWEIHUNG: 20. AUGUST 2011

Zur offiziellen Eröffnung durch den Bürgermeister von Reykjavík wurde ab mittags bis in die Nacht ein umfassendes kulturelles Festival organisiert.

HARPA

LOCATION: REYKJAVÍK
ARCHITECTS' OFFICE: HENNING LARSEN ARCHITECTS IN COOPERATION WITH OLAFUR ELIASSON
CONSTRUCTED: 2010
FIRST CONCERTS: 4TH, 5TH AND 6TH MAY 2011

Welcome, Harpa	*Þorkell Sigurbjörnsson*
Symphony No. 9 in D minor, Op. 125	*Ludwig van Beethoven*

Sinfóníuhljómsveit Íslands conducted by Vladimir Ashkenazy

INAUGURATED: 20. AUGUST 2011

On the occasion of the official opening by the mayor of Reykjavík, a wide-ranging cultural festival was organized starting at midday and lasting into the night.

ITALIEN

ACCADEMIA FILARMONICA DI BOLOGNA, SALA MOZART

ORT: BOLOGNA
GRÜNDUNG DER AKADEMIE: 1666
GRÜNDER: VINCENZO CARRATI

Der Palazzo Carrati wurde für die Arbeit der Accademia Filarmonica errichtet. Der Architekt ist nicht bekannt.

Die Sala Mozart wird seit je zum Musizieren, für Versammlungen und Konzerte genutzt. Sie wurde im 19. Jahrhundert erweitert und trägt seit 1884 ihren heutigen Namen.

ARCHITEKTEN DES UMBAUS UND DER RENOVIERUNG:
AUGUSTO PELI UND LUIGI PELI
RENOVIERUNG: 1925-1926
WIEDERERÖFFNUNG: 22. FEBRUAR 1926

Das Konzert zur Wiedereröffnung des Saales unter der Leitung des Direktors der Accademia Filarmonica, Amieto Zecchi, enthielt ausschließlich Werke von Wolfgang Amadeus Mozart. Es wurde durch einen Vortrag von Carlo Zangarini eingeleitet, der den Komponisten als Mitglied der Akademie würdigte.

ACCADEMIA FILARMONICA DI BOLOGNA, SALA MOZART

LOCATION: BOLOGNA
ACADEMY FOUNDED: 1666
FOUNDER: VINCENZO CARRATI

The Palazzo Carrati was constructed for the work of the Accademia Filarmonica. The name of the architect is not known.

The Sala Mozart has always been used for playing music, meetings and concerts. It was extended in the 19th century and has borne its present name since 1884.

ARCHITECTS OF THE RENOVATION AND REDEVELOPMENT:
AUGUSTO PELI AND LUIGI PELI
RENOVATED: 1925-1926
REOPENED: 22ND FEBRUARY 1926

The concert on the occasion of the re-inauguration of the hall, conducted by the director of the Accademia Filarmonica, Amieto Zecchi, included only works by Wolfgang Amadeus Mozart. It was introduced with a lecture by Carlo Zangarini, who paid tribute to the composer as a member of the academy.

Teatro Scientifico dell'Accademia

Ort: Mantua
Achitekt: Antonio Bibbiena
Bauzeit: 1767-1769
Einweihung: 13. Dezember 1769

Virgilio e Manto Luigi Gatti

Teatro Scientifico dell'Accademia

Location: Mantua
Architect: Antonio Bibbiena
Constructed: 1767-1769
Inaugurated: 13th December 1769

Virgilio e Manto Luigi Gatti

Auditorium Niccolò Paganini

Ort: Parma
Baujahr der Fabrikgebäude: 1899

Die Zuckerfabrik Eridania wurde bis 1968 betrieben.

Achitekt des Umbaus: Renzo Piano
Bauzeit: 1999-2001
Eröffnungskonzert: 15. November 2001

Galakonzert des Orchestra del Teatro alla Scala di Milano unter der Leitung von Riccardo Muti

Auditorium Niccolò Paganini

Location: Parma
Constructed as a factory: 1899

The Eridania sugar factory was in production until 1968.

Architect of the redevelopment: Renzo Piano
Constructed: 1999-2001
Inaugural Concert: 15th November 2001

Gala concert by the Orchestra del Teatro alla Scala di Milano conducted by Riccardo Muti

Conservatorio Statale di Musica »G. Rossini«, Auditorium Pedrotti

Ort: Pesaro
Eröffnungskonzert: 29. Februar 1892

Konzert anlässlich des 100. Geburtstags von Gioachino Rossini unter der Leitung von Carlo Pedrotti

Conservatorio Statale di Musica »G. Rossini«, Auditorium Pedrotti

Location: Pesaro
Inaugural Concert: 29th February 1892

A concert to commemorate the 100th birthday of Gioachino Rossini conducted by Carlo Pedrotti

Auditorium Oscar Niemeyer

Ort: Ravello
Architekt: Oscar Niemeyer (Rio de Janeiro)
Planungsbeginn: 23. September 2000
Bauzeit: Oktober 2008-Januar 2010
Einweihung: 29. Januar 2010

In Anwesenheit des Präsidenten der Region Campania, Antonio Bassolino
Konzert der Fanfara dell'Arma dei Carabinieri

Eröffnungssymposia: 30. Januar 2010

La Cultura è una risorsa. Anche in Campania?, Auditorium, 10.00 Uhr

Zu Ehren von Oscar Niemeyer, Villa Rufolo, 14.30 Uhr

1. Eröffnungskonzert: 30. Januar 2010, 18.00 Uhr

Sinfonie Nr. 9 in d-Moll, op. 125 — L. v. Beethoven

Solisten der Accademia Teatro alla Scala, Chor und Orchester des Teatro di San Carlo unter der Leitung von David Afkham

2. Eröffnungskonzert: 30. Januar 2010, 22.30 Uhr

Lucio Dalla

3. Eröffnungskonzert: 31. Januar 2010, 11.30 Uhr

Werke von Antonio Vivaldi
Orchestra da Camera Italiana unter der Leitung des Geigers Salvatore Accardo

Auditorium Oscar Niemeyer

Location: Ravello
Architect: Oscar Niemeyer (Rio de Janeiro)
Planning commenced: 23th September 2000
Constructed: October 2008-January 2010
Inaugurated: 29th January 2010

In the presence of the President of the Region Campania, Antonio Bassolino
Concert by the Fanfara dell'Arma dei Carabinieri

Inaugural symposia: 30th January 2010

La Cultura è una risorsa. Anche in Campania?, Auditorium, 10 a.m.

In honour of Oscar Niemeyer, Villa Rufolo, 2.30 p.m.

1st Inaugural Concert: 30th January 2010, 6 p.m.

Symphony No. 9 in D minor, Op. 125 — L. v. Beethoven

Soloists of the Accademia Teatro alla Scala, Choir and Orchestra of the Teatro di San Carlo conducted by David Afkham

2nd Inaugural Concert: 30th January 2010, 10.30 p.m.

Lucio Dalla

3rd Inaugural Concert: 31st January 2010, 11.30 a.m.

Works by Antonio Vivaldi
Orchestra da Camera Italiana conducted by the violinist Salvatore Accardo

Lingotto, Auditorium Giovanni Agnelli

Ort: Turin
Architekt der Fabrikgebäude:
Giacomo Mattè-Trucco
Bauzeit: 1919-1923
Architekt des Saales: Renzo Piano
Planung und Realisierung des Umbaus: 1982-1991
Eröffnungskonzert: 6. März 1994

Berliner Philharmoniker unter der Leitung von Claudio Abbado

Lingotto, Auditorium Giovanni Agnelli

Location: Turin
Architect of the factory: Giacomo Mattè-Trucco
Constructed: 1919-1923
Architect of the hall: Renzo Piano
Planning and realization of the redevelopment: 1982-1991
Inaugural Concert: 6th March 1994

Berlin Philharmonic Orchestra conducted by Claudio Abbado

OSPEDALETTO DEI DERELITTI, SALA DELLA MUSICA

ORT: VENEDIG
ARCHITEKT DES SAALES: MATTEO LUCCHESI ODER FRANCESCO PATRON
AUSSTATTUNG: JACOPO GUARANA UND AGOSTINO MENGOZZI COLONNA
BAUZEIT: 1776-1777

Der Raum entstand durch einen Umbau der ehemaligen Küche des Hospitals.

OSPEDALETTO DEI DERELITTI, SALA DELLA MUSICA

LOCATION: VENEDIG
ARCHITECT OF THE HALL: MATTEO LUCCHESI OR FRANCESCO PATRON
DECOR: JACOPO GUARANA AND AGOSTINO MENGOZZI COLONNA
CONSTRUCTED: 1776-1777

The hall resulted from a reconstruction of the former kitchen of the hospital.

ACCADEMIA FILARMONICA DI VERONA, SALA MAFFEIANA

ORT: VERONA
ARCHITEKT DES GEBÄUDES: DOMENICO CURTONI
ERSTE BAUZEIT: 1605-1608
ERSTE NUTZUNG DES SAALES: 14. AUGUST 1608

Der Bau blieb zunächst unvollendet. Unter anderem wurde die Gran Sala zwischen 1625 und 1630 entsprechend den Plänen Curtonis neu strukturiert. In späterer Zeit wurde der Saal dem Veroneser Historiker, Dramatiker und Kunstsammler Scipione Maffei gewidmet.

FERTIGSTELLUNG DER SALA MAFFEIANA: APRIL 1612

Als Bauleiter wird Silvestro Fontana genannt. Er hatte vermutlich auch an der Gestaltung des Saales Anteil. Die Fresken von Filippo Maccari stammen aus dem Jahr 1777.

Die Sala Maffeiana ist der einzige ursprüngliche Teil des Gebäudes, der das Bombardement vom 23. Februar 1945 und Beschädigungen früherer Zeiten überstanden hat.

ACCADEMIA FILARMONICA DI VERONA, SALA MAFFEIANA

LOCATION: VERONA
ARCHITECT OF THE BUILDING: DOMENICO CURTONI
FIRST CONSTRUCTED: 1605-1608
FIRST USE OF THE HALL: 14TH AUGUST 1608

The building remained incomplete at first. Among other later measures, the Gran Sala was restructured between 1625 and 1630 according to Curtoni's plans. The hall was later dedicated to the Veronese historian, dramatist and art collector Scipione Maffei.

SALA MAFFEIANA COMPLETED: APRIL 1612

Silvestro Fontana is named as having supervised the building work. He presumably also helped to design the hall. The frescoes by Filippo Maccari date from 1777.

The Sala Maffeiana is the only original part of the building to have survived the bombing of 23rd February 1945 and damage in earlier times.

PALAZZO DEL TERRITORIO, TEATRO OLIMPICO

ORT: VICENZA
BAUJAHR DES PALASTES: 1266
ARCHITEKTEN DES THEATERS: ANDREA PALLADIO, SILLA PALLADIO, VINCENZO SCAMOZZI
BAUZEIT DES THEATERS: 1580-1585
ERÖFFNUNG: 3. MÄRZ 1585

Edipo Tiranno	Sofocle
4 cori per L'Edipo Tiranno di Sofocle	Andrea Gabrieli

PALAZZO DEL TERRITORIO, TEATRO OLIMPICO

LOCATION: VICENZA
PALACE CONSTRUCTED: 1266
ARCHITECTS OF THE THEATRE: ANDREA PALLADIO, SILLA PALLADIO, VINCENZO SCAMOZZI
CONSTRUCTION OF THE THEATRE: 1580-1585
INAUGURATED: 3RD MARCH 1585

Edipo Tiranno (Oidipous Tyrannos)	*Sophocles*
4 cori per l'Edipo Tiranno di Sofocle	*Andrea Gabrieli*

LUXEMBURG

PHILHARMONIE LUXEMBOURG, GRAND AUDITORIUM

ORT: LUXEMBURG
ARCHITEKT: CHRISTIAN DE PORTZAMPARC
BAUZEIT: 2002-2005
ERÖFFNUNGSKONZERT: 26. JUNI 2005

Symphonie Nr. 8 »Lieder der Vergänglichkeit« Uraufführung	Krzysztof Penderecki

Olga Pasichnyk (Sopran), Agnieszka Rehlis (Mezzosopran), Wojtek Drabowicz (Bariton), EuropaChorAkademie, Einstudierung Joshard Daus, Orchestre Philharmonique du Luxembourg unter der Leitung von Bramwell Tovey

PHILHARMONIE LUXEMBOURG, GRAND AUDITORIUM

LOCATION: LUXEMBURG
ARCHITECT: CHRISTIAN DE PORTZAMPARC
CONSTRUCTED: 2002-2005
INAUGURAL CONCERT: 26TH JUNE 2005

Symphony No. 8 »Lieder der Vergänglichkeit« First performance	*Krzysztof Penderecki*

Olga Pasichnyk (Soprano), Agnieszka Rehlis (Mezzosoprano), Wojtek Drabowicz (Baritone), EuropaChorAkademie, director Joshard Daus, Orchestre Philharmonique du Luxembourg conducted by Bramwell Tovey

MONACO

OPÉRA DE MONTE CARLO, SALLE GARNIER

ORT: MONTE CARLO
ARCHITEKT: CHARLES GARNIER
BAUZEIT: 1878-1879
ERÖFFNUNG: 25. JANUAR 1879

Unter Mitwirkung von Sarah Bernhardt

ERSTE AUFFÜHRUNG: 8. FEBRUAR 1879

Le Chevalier Gaston	Robert Planquette

UMGESTALTUNGEN UND RESTAURIERUNG: 1897, 1904, 2003-2005
WIEDERERÖFFNUNG: 19. NOVEMBER 2005

Le voyage à Reims	Gioachino Rossini

OPÉRA DE MONTE CARLO, SALLE GARNIER

LOCATION: MONTE CARLO
ARCHITECT: CHARLES GARNIER
CONSTRUCTED: 1878-1879
INAUGURATED: 25TH JANUARY 1879

With the participation of Sarah Bernhardt

FIRST PERFORMANCE: 8TH FEBRUARY 1879

Le Chevalier Gaston	*Robert Planquette*

REDEVELOPED AND RESTORED: 1897, 1904, 2003-2005
REOPENED: 19TH NOVEMBER 2005

Il Viaggio a Reims	*Gioachino Rossini*

NIEDERLANDE

BEURS VAN BERLAGE, YAKULT ZAAL

ORT: AMSTERDAM
ARCHITEKT: HENDRIK PETRUS BERLAGE
BAUZEIT: 1898-1903
ARCHITEKTURBÜRO DES UMBAUS: ZAANEN SPANJERS CS ARCHITECTEN BNA-BNI
UMBAU ZUM KULTURZENTRUM: 1985
ARCHITEKT DER RESTAURIERUNG: WALTER KRAMER
RESTAURIERUNG: 1998-2004

BEURS VAN BERLAGE, YAKULT ZAAL

LOCATION: AMSTERDAM
ARCHITECT: HENDRIK PETRUS BERLAGE
CONSTRUCTED: 1898-1903
ARCHITECTS' OFFICE FOR THE REDEVELOPMENT: ZAANEN SPANJERS CS ARCHITECTEN BNA-BNI
REDEVELOPED AS A CULTURAL CENTRE: 1985
ARCHITECT OF THE RESTORATION: WALTER KRAMER
RESTORED: 1998-2004

CONCERTGEBOUW

ORT: AMSTERDAM
ARCHITEKT: ADOLF LEONARD VAN GENDT
BAUZEIT: 1883-1888
ERÖFFNUNG DER ERSTEN KONZERTSAISON: 3. NOVEMBER 1888

Ouvertüre Die Weihe des Hauses, op. 124	L. v. Beethoven
Variationen über ein Thema von Joseph Haydn, op. 56a	J. Brahms
»Phaéton« Poème symphonique, op. 39	Camille Saint-Saëns
Vorspiel zu Die Meistersinger von Nürnberg	R. Wagner
Sinfonie Nr. 3 (Irische) in f-Moll, op. 28	Charles Villiers Stanford

Orchester der N. V. »Het Concertgebouw« unter der Leitung von Willem Kes

CONCERTGEBOUW

LOCATION: AMSTERDAM
ARCHITECT: ADOLF LEONARD VAN GENDT
CONSTRUCTED: 1883-1888
OPENING OF THE FIRST CONCERT SEASON: 3RD NOVEMBER 1888

Overture Die Weihe des Hauses, Op. 124	*L. v. Beethoven*
Variations on a Theme by Joseph Haydn, Op. 56a	*J. Brahms*
»Phaéton« symphonic poem, Op. 39	*Camille Saint-Saëns*
Prelude to Die Meistersinger von Nürnberg	*R. Wagner*
Symphony No. 3 (Irish) in F minor, Op. 28	*Charles Villiers Stanford*

Orchestra of »Het Concertgebouw« conducted by W. Kes

ÖSTERREICH

SCHLOSS ESTERHÁZY, HAYDNSAAL

ORT: EISENSTADT
ARCHITEKT: CARLO MARTINO CARLONE
BAUZEIT: 1663-1672
ARCHITEKT DER 1. UMGESTALTUNG: CHARLES MOREAU
1. UMGESTALTUNG: 1803-1809
2. UMGESTALTUNG: 2010

Der Saal wurde ursprünglich als Ballsaal entworfen.

SCHLOSS ESTERHÁZY, HAYDNSAAL

LOCATION: EISENSTADT
ARCHITECT: CARLO MARTINO CARLONE
CONSTRUCTED: 1663-1672
ARCHITECT OF THE 1ST REDEVELOPMENT: CHARLES MOREAU
1ST REDEVELOPMENT: 1803-1809
2ND REDEVELOPMENT: 2010

The hall was originally designed as a ballroom.

Congress Graz, Stefaniensaal

Ort: Graz
Architekt: Mathias Seidl
Bauzeit: 1883-1885
Architekt der Umgestaltung: Leopold Theyer
Umgestaltung: 1905-1908
Architekten der Restaurierung: Werkgruppe Graz
Restaurierung: 1977-1980
Eröffnungskonzert: 4. November 1885

Ouvertüre Der Freischütz	C. M. von Weber
Prolog	Robert Hamerling
Passacaglia in c-Moll, BWV 582	J. S. Bach
Arie »Martern aller Arten« aus Die Entführung aus dem Serail, KV 384	W. A. Mozart
Sinfonie Nr. 9 in d-Moll, op. 125	L. v. Beethoven

Congress Graz, Stefaniensaal

Location: Graz
Architect: Mathias Seidl
Constructed: 1883-1885
Architect of the redevelopment: Leopold Theyer
Redevelopment: 1905-1908
Architects of the restoration: Werkgruppe Graz
Restoration: 1977-1980
Inaugural Concert: 4th November 1885

Overture Der Freischütz	*C. M. von Weber*
Prolog	*Robert Hamerling*
Passacaglia in C minor, BWV 582	*J. S. Bach*
Aria »Martern aller Arten« from Die Entführung aus dem Serail, KV 384	*W. A. Mozart*
Symphony No. 9 in D minor, Op. 125	*L. v. Beethoven*

Konzerthaus

Ort: Wien
Architekt: Ludwig Baumann
Bauzeit: 1911-1913
Eröffnungsfeier: 19. Oktober 1913

In Anwesenheit von Kaiser Franz Joseph I.

Festliches Präludium, op. 61	R. Strauss
Sinfonie Nr. 9 in d-Moll, op. 125	L. v. Beethoven

Architekt der Generalsanierung: Hans Puchhammer
Generalsanierung: 1998-2001

Konzerthaus

Location: Vienna
Architect: Ludwig Baumann
Constructed: 1911-1913
Opening ceremony: 19th October 1913

In the presence of the Emperor Franz Joseph I.

Festliches Präludium, Op. 61	*R. Strauss*
Symphony No. 9 in D minor, Op. 125	*L. v. Beethoven*

Architect general refurbishment: Hans Puchhammer
General refurbishment: 1998-2001

Mozarthaus, Bösendorfer-Saal

Ort: Wien
Errichtung: 17. Jahrhundert
Architekt der Revitalisierung: Klaus Becker
Revitalisierung: 2004-2006

Der Konzertsaal wurde in ein Kellergewölbe hineingebaut.

Eröffnung: 6. Oktober 2010

Fantasie c-moll, KV 475	W. A. Mozart

Galakonzert mit dem Pianisten Paul Gulda

Mozarthaus, Bösendorfer-Saal

Location: Vienna
Constructed: 17th century
Architect of the refurbishment: Klaus Becker
Refurbished: 2004-2006

The concert hall was constructed within cellar vaults.

Inaugurated: 6th October 2010

Fantasia C minor, KV 475	*W. A. Mozart*

Gala concert with the pianist Paul Gulda

MUSIKVEREIN

ORT: WIEN
ARCHITEKT: THEOPHIL VON HANSEN
BAUZEIT: 1867-1870
ERÖFFNUNGSKONZERT: 6. JANUAR 1870

Egmont Ouvertüre, op. 84	L. v. Beethoven
»Stimmt an die Saiten« aus Die Schöpfung	J. Haydn
Adagio	J. S. Bach
Arie aus Die Entführung aus dem Serail	W. A. Mozart
»Der Friede sei mit Euch«	F. Schubert
Sinfonie Nr. 5 in c-Moll, op. 67	L. v. Beethoven

Gustav Walter (Tenor), Joseph Hellmesberger sen. (Violine), Mitglieder des Sing-Vereins unter der Leitung von Johann von Herbeck

Das Haus des Musikvereins beherbergt unter anderem ein Archiv mit einer der weltweit größten Musiksammlungen: Autografen und Manuskripte etwa von Ludwig van Beethoven, Wolfgang Amadeus Mozart und Franz Schubert sowie der gesamte Nachlass von Johannes Brahms werden hier aufbewahrt.
Außerdem residieren in diesem Gebäude der Wiener Männergesang-Verein und die Wiener Philharmoniker.

ARCHITEKTEN DER ERWEITERUNG: WILHELM HOLZBAUER, DIETER IRRESBERGER
ERWEITERUNG: 2000-2004

Die Erweiterung umfasst vier kleine unterirdische Säle, die für Konzerte, aber auch für Konferenzen und Empfänge genutzt werden.

MUSIKVEREIN

LOCATION: VIENNA
ARCHITECT: THEOPHIL VON HANSEN
CONSTRUCTED: 1867-1870
INAUGURAL CONCERT: 6TH JANUARY 1870

Egmont Overture, Op. 84	*L. v. Beethoven*
»Stimmt an die Saiten« from Die Schöpfung	*J. Haydn*
Adagio	*J. S. Bach*
Aria from Die Entführung aus dem Serail	*W. A. Mozart*
»Der Friede sei mit Euch«	*F. Schubert*
Symphony Nr. 5 in C minor, Op. 67	*L. v. Beethoven*

Gustav Walter (Tenor), Joseph Hellmesberger sen. (Violin), Members of the Sing-Verein conducted by Johann von Herbeck

The Musikverein building also houses an archive containing one of the largest musical collections in the world: autographs and manuscripts by, among others, Ludwig van Beethoven, Wolfgang Amadeus Mozart and Franz Schubert as well as all the complete collection of printed works and manuscripts once owned by Johannes Brahms. Moreover, the building is home to the Vienna Men's Choral Society (Männergesang-Verein) and the Vienna Philharmonic Orchestra.

ARCHITECTS OF THE EXTENSION:
WILHELM HOLZBAUER, DIETER IRRESBERGER
EXTENSION: 2000-2004

The extension comprises four small, subterranean halls which are used for concerts and also for conferences and receptions.

POLEN

FILHARMONIA NARODOWA

ORT: WARSCHAU
ARCHITEKTEN: KAROL KOZŁOWSKI, IZYDOR PIANKA
BAUZEIT: 1900-1901
ERÖFFNUNG: 5. NOVEMBER 1901

»Żyj pieśni« Kantate	Władysław Żyeleński
Sinfonie d-moll, op. 21	Zygmunt Stojowski
»Bajka« Konzertouverture	Stanisław Moniuszko
»Step« Symphonisches Gedicht	Zygmunt Noskowski
Klavierkonzert in a-moll, op. 17	Ignacy Jan Paderewski
Werke für Klavier solo	F. Chopin

Wiktor Grąbczewski (Bass), Ignacy Jan Paderewski (Klavier), Orkiestra Filharmonii Narodowej w Warszawie unter der Leitung von Emil Młynarski

ZERSTÖRUNG: 1939 UND 1944
ARCHITEKTEN DES NEUBAUS: EUGENIUSZ SZPARKOWSKI, HENRYK BIAŁOBRZESKI
ERÖFFNUNG DES WIEDERAUFGEBAUTEN HAUSES: 21. FEBRUAR 1955

»Bajka« Konzertouverture	Stanisław Moniuszko
Violinkonzert Nr. 1, op. 35	Karol Szymanowski
Konzert für Orchester	Witold Lutosławski

Wanda Wiłkomirska (Violine)
Orkiestra Filharmonii Narodowej w Warszawie unter der Leitung von Witold Rowicki

Bei derselben Veranstaltung wurde der 5. Internationale Chopin-Wettbewerb eröffnet.

FILHARMONIA NARODOWA

LOCATION: WARSAW
ARCHITECTS: KAROL KOZŁOWSKI, IZYDOR PIANKA
CONSTRUCTED: 1900-1901
INAUGURATED: 5TH NOVEMBER 1901

»Żyj pieśni« Cantata — *Władysław Żyeleński*
Symphony in D minor, Op. 21 — *Zygmunt Stojowski*
»Bajka« Concert overture — *Stanisław Moniuszko*
»Step« Symphonic poem — *Zygmunt Noskowski*
Piano Concerto in A minor, Op. 17 — *Ignacy Jan Paderewski*
Works for piano solo — *F. Chopin*

Wiktor Grąbczewski (bass), Ignacy Jan Paderewski (piano), Orkiestra Filharmonii Narodowej w Warszawie conducted by Emil Młynarski

DESTROYED: 1939 AND 1944
ARCHITECTS OF THE RECONSTRUCTION: EUGENIUSZ SZPARKOWSKI, HENRYK BIAŁOBRZESKI
INAUGURATION OF THE RECONSTRUCTED HALL: 21ST FEBRUARY 1955

»Bajka« Concert overture — *Stanisław Moniuszko*
Concerto for Violin No. 1, Op. 35 — *Karol Szymanowski*
Concerto for Orchestra — *Witold Lutosławski*

Wanda Wiłkomirska (Violin)
Orkiestra Filharmonii Narodowej w Warszawie conducted by Witold Rowicki

On this occasion the 5th International Chopin competition was also opened.

PORTUGAL

COLISEU DOS RECREIOS

ORT: LISSABON
ARCHITEKTEN UND INGENIEURE: FRANÇOIS GOULARD, VATER UND SOHN, FREDERICO RESSANO GARCIA, M. GOUVEIA JÙNIOR, XAVIER CORDEIRO
BAUZEIT: 1888-1890
ERÖFFNUNG: 14. AUGUST 1890
WIEDERERÖFFNUNG NACH RENOVIERUNG: 26. FEBRUAR 1994

Klavierkonzert Nr. 5 Es-Dur, op. 73 — L. v. Beethoven

Eröffnungskonzert Lissabon 1994 Kulturhauptstadt Europas
Pedro Burmester (Klavier), London Symphony Orchestra unter der Leitung von Sir Georg Solti

COLISEU DOS RECREIOS

LOCATION: LISBON
ARCHITECTS AND ENGINEERS: FRANÇOIS GOULARD, FATHER AND SON, FREDERICO RESSANO GARCIA, M. GOUVEIA JÙNIOR, XAVIER CORDEIRO
CONSTRUCTED: 1888-1890
INAUGURATED: 14TH AUGUST 1890
REOPENED FOLLOWING RENOVATION: 26TH FEBRUARY 1994

Piano Concerto No. 5 E flat major, Op. 73 — *L. v. Beethoven*

Inaugural Concert Lisbon 1994 – European Capital of Culture
Pedro Burmester (Piano), London Symphony Orchestra conducted by Sir Georg Solti

CASA DA MÚSICA

ORT: PORTO
ARCHITEKTEN: REM KOOLHAAS, OFFICE FOR METROPOLITAN ARCHITECTURE, ARUP-AFA
BAUZEIT: 2001-2005

Das Projekt wurde im Rahmen des Festivals Porto 2001 Kulturhauptstadt Europas realisiert.

ERÖFFNUNGSKONZERT: 14. APRIL 2005

Unter Mitwirkung von Clã und Lou Reed

EINWEIHUNG: 15. APRIL 2005

In Anwesenheit des portugiesischen Präsidenten Jorge Sampaio
Konzert des Orquestra Nacional do Porto

CASA DA MÚSICA

LOCATION: PORTO
ARCHITECTS: REM KOOLHAAS, OFFICE FOR METROPOLITAN ARCHITECTURE, ARUP-AFA
CONSTRUCTED: 2001-2005

The project was realized within the festival Porto 2001 – European Capital of Culture.

OPENING CONCERT: 14TH APRIL 2005

With the participation of Clã and Lou Reed

INAUGURATED: 15TH APRIL 2005

In the presence of the Portugese President Jorge Sampaio
Concert by the Orquestra Nacional do Porto

Schweden

Konserthuset, Stora Salen

Ort: Göteborg
Architekt: Nils Einar Eriksson
Baujahr: 1934
Eröffnung: 4. Oktober 1935

Sinfonie Nr. 3 C-Dur »Sinfonie singulière« (1845)	Franz Berwald
Sången, symphonische Kantate op. 44 (1921)	Wilhelm Stenhammar

Märta Byström, Anna Tibeli, Einar Beyron, Set Svanholm, Göteborgs konserthuskör, Göteborgs Symfoniorkester unter der Leitung von Tor Mann

Konserthuset, Stora salen

Location: Gothenburg
Architect: Nils Einar Eriksson
Constructed: 1934
Inaugurated: 4th October 1935

Symphony No. 3 in C major »Sinfonie singulière« (1845)	*Franz Berwald*
Sången, symphonic cantata Op. 44 (1921)	*Wilhelm Stenhammar*

Märta Byström, Anna Tibeli, Einar Beyron, Set Svanholm, Göteborgs konserthuskör, Göteborgs Symfoniorkester conducted by Tor Mann

Berwaldhallen

Ort: Stockholm
Architekten: Erik Ahnborg, Sune Lindström
Bauzeit: 1976-1979
Eröffnungskonzert: 30. November 1979

Sinfonie Nr. 3 C-Dur »Sinfonie singulière« (1845)	Franz Berwald
Vid Havets Yttersta Gräns	Sven-Erik Bäck
Symphonie fantastique, op. 14	Hector Berlioz

Sveriges Radios Symfoniorkester unter der Leitung von Herbert Blomstedt

Berwaldhallen

Location: Stockholm
Architects: Erik Ahnborg, Sune Lindström
Constructed: 1976-1979
Inaugural Concert: 30th November 1979

Symphony No. 3 in C major »Sinfonie singulière« (1845)	*Franz Berwald*
Vid Havets Yttersta Gräns	*Sven-Erik Bäck*
Symphonie fantastique, Op. 14	*Hector Berlioz*

Sveriges Radios Symfoniorkester conducted by Herbert Blomstedt

Konserthuset, Stora salen

Ort: Stockholm
Architekt: Ivar Tengbom
Bauzeit: 1924-1926
Einweihung: 7. April 1926

Verschiedene Werke schwedischer Herkunft	
Sinfonie Nr. 7 in A-Dur, op. 92	L. v. Beethoven

Kungliga Filharmoniska Kören, Kungliga Filharmoniska Orkestern

Architekt der Renovierung: Anders Tengbom
Renovierung: 1971-1973

Konserthuset, Stora salen

Location: Stockholm
Architect: Ivar Tengbom
Constructed: 1924-1926
Inaugurated: 7th April 1926

Various works of Swedish origin	
Symphony No. 7 in A major, Op. 92	*L. v. Beethoven*

Kungliga Filharmoniska Kören, Kungliga Filharmoniska Orkestern

Architect of the renovation: Anders Tengbom
Renovated: 1971-1973

Schweiz

Musiksaal im Stadtcasino

Ort: Basel
Architekt: Johann Jakob Stehlin
Bauzeit: 1875-1876

Musiksaal im Stadtcasino

Location: Basel
Architect: Johann Jakob Stehlin
Constructed: 1875-1876

Kulturcasino, Grosser Saal

Ort: Bern
Architekten: Paul Lindt und Max Hofmann
Bauzeit: 1906-1908
Eröffnungskonzerte: 7.-9. Mai 1909

Magnificat	J. S. Bach
Symphonie Nr. 9 in d-Moll, op. 125	L. v. Beethoven
Konzert Nr. 3 in g-Moll	G. F. Händel
La damnation de Faust, op. 24	Hector Berlioz
uvm.	

Cäcilienverein und Liedertafel, Stadtorchester, Leitung Dr. Carl Munzinger, unter Mitwirkung von Johanna Dick (Sopran), Maria Philippi (Alt), Felix Senius (Tenor), Johannes Messchaert (Bariton), Walter Otz, Carl Hess-Rütschi und Robert Steiner

Kulturcasino, Grosser saal

Location: Bern
Architects: Paul Lindt and Max Hofmann
Constructed: 1906-1908
Inaugural concerts: 7th-9th May 1909

Magnificat	*J. S. Bach*
Symphonie No. 9 in D minor, Op. 125	*L. v. Beethoven*
Concerto No. 3 in G minor	*G. F. Handel*
La damnation de Faust, Op. 24	*Hector Berlioz*
and much more	

Cäcilienverein and Liedertafel, Municipal Orchestra conducted by Dr. Carl Munzinger, with the participation of Johanna Dick (Soprano), Maria Philippi (Alto), Felix Senius (Tenor), Johannes Messchaert (Baritone), Walter Otz, Carl Hess-Rütschi and Robert Steiner

Bâtiment des Forces Motrices, Salle Théodore Turrettini

Ort: Genf
Architekt: Théodore Turrettini
Bauzeit: 1883-1892

Das Gebäude beherbergte ursprünglich ein Wasserkraftwerk.

Architekt der Umgestaltung: Bernard Picenni
Eröffnung: 17. September 1997

Madame Butterfly	Giacomo Puccini

Bâtiment des Forces Motrices, Salle Théodore Turrettini

Location: Geneva
Architect: Théodore Turrettini
Constructed: 1883-1892

The building originally housed a hydroelectric power plant.

Architect of the redevelopment: Bernard Picenni
Inaugurated: 17th September 1997

Madame Butterfly	*Giacomo Puccini*

VICTORIA HALL

ORT: GENF
ARCHITEKT: JOHN CAMOLETTI
BAUZEIT: 1891-1893
ERÖFFNUNGSKONZERT: 28. NOVEMBER 1894

Ouvertüre zu Prodanà nevésta	Bedřich Smetana
Grande symphonie funèbre et triomphale, op. 15	Hector Berlioz
Zigeunerleben, op. 29, 3	R. Schumann
Fragmente aus Noé	Fromental Halévy, Georges Bizet
Toccata und Fuge in d-Moll, BWV 565	J. S. Bach
Sinfonie Nr. 3, op. 69 für Orgel und Orchester (Uraufführung)	Charles-Marie Widor

Charles-Marie Widor (Orgel), L'Harmonie Nautique, Orchestre du Grand Théâtre, Leitung Louis Bonade

RESTAURIERUNG: 1984-1985
RENOVIERUNG: 2006

VICTORIA HALL

LOCATION: GENEVA
ARCHITECT: JOHN CAMOLETTI
CONSTRUCTED: 1891-1893
INAUGURAL CONCERT: 28TH NOVEMBER 1894

Overture to Prodanà nevésta	*Bedřich Smetana*
Grande symphonie funèbre et triomphale, Op. 15	*Hector Berlioz*
Zigeunerleben, Op. 29, 3	*R. Schumann*
Fragments from Noé	*Fromental Halévy, Georges Bizet*
Toccata and Fuge in D minor, BWV 565	*J. S. Bach*
Symphony No. 3, Op. 69 for Organ and Orchester (First performance)	*Charles-Marie Widor*

Charles-Marie Widor (Organ), L'Harmonie Nautique, Orchestre du Grand Théâtre conducted by Louis Bonade

RESTORED: 1984-1985
RENOVATED: 2006

KULTUR- UND KONGRESSZENTRUM LUZERN

ORT: LUZERN
ARCHITEKT: JEAN NOUVEL
BAUZEIT: 1995-2000
EINWEIHUNG DES GESAMTEN HAUSES: 2000
ERÖFFNUNG DES GROSSEN KONZERTSAALS:
19. AUGUST 1998

Sinfonie Nr. 9 in d-Moll, op. 125	L. v. Beethoven

Berliner Philharmoniker unter der Leitung von Claudio Abbado

KULTUR- UND KONGRESSZENTRUM LUCERNE

LOCATION: LUCERNE
ARCHITECT: JEAN NOUVEL
CONSTRUCTED: 1995-2000
INAUGURATION WHOLE BUILDING: 2000
INAUGURATION OF THE LARGE CONCERT HALL:
19TH AUGUST 1998

Symphony No. 9 in D minor, Op. 125	*L. v. Beethoven*

Berlin Philharmonic Orchestra conducted by Claudio Abbado

TONHALLE

ORT: ZÜRICH
ARCHITEKTEN: FERDINAND FELLNER UND HERMANN HELMER (WIEN)
BAUZEIT: 1893-1895
EINWEIHUNG: 19. OKTOBER 1895
1. ERÖFFNUNGSKONZERT: 20. OKTOBER 1895

13.30 Uhr bis 14.30 Uhr, Pavillon, Unterhaltungskonzert
Kapelle des VI. badischen Infantrie-Regiments No. 114 Kaiser Friedrich, unter der Leitung von Musikdirektor Handloser
16.00 Uhr, großer Saal, 1. Konzert

Triumphlied, op. 55	J. Brahms
Sinfonie Nr. 9 in d-Moll, op. 125	L. v. Beethoven

Emma Hiller (Sopran), Pauline Manifarges (Alt), Emmanuel Sandreuter (Tenor), Anton van Rooy (Bariton), Gemischter Chor Zürich, Lehrergesangsverein, Tonhalle-Orchester, unter der Leitung von Dr. Johannes Brahms und Dr. Friedrich Hegar

2. ERÖFFNUNGSKONZERT: 21. OKTOBER 1895

13.00 Uhr bis 14.30 Uhr, Pavillon, Unterhaltungskonzert
Kapelle des VI. badischen Infantrie-Regiments No. 114 Kaiser Friedrich, unter der Leitung von Musikdirektor Handloser
16.00 Uhr, großer Saal, 2. Konzert

Sinfonie in Es-Dur, KV 543	W. A. Mozart
»Auf starkem Fittiche«, Arie aus Die Schöpfung, Hob. XXI:2	J. Haydn
Konzert für Violine in D-Dur, op. 61	L. v. Beethoven
Nachtlied für Chor und Orchester, op. 108	R. Schumann
Ein Sommernachtstraum, op. 21, MWV P 3	F. Mendelssohn Bartholdy
Immer leiser wird mein Schlummer, op. 105, Nr. 2	J. Brahms
An die Musik, op. 88, Nr. 4, D. 547	F. Schubert
Der Tod und das Mädchen, op. 7, Nr. 3, D. 531	F. Schubert
Ciacconna aus Partita Nr. 2, BWV 1004	J. S. Bach
Schöne Wiege meiner Leiden, op. 24, Nr. 5	R. Schumann
Die Mainacht, op. 43, Nr. 2	J. Brahms
Aufenthalt, D. 957, Nr. 5	F. Schubert
Vorspiel zu Die Meistersinger von Nürnberg	R. Wagner

Emma Hiller (Sopran), Pauline Manifarges (Alt), Anton van Rooy (Bariton), Joseph Joachim, Gemischter Chor Zürich, Lehrergesangsverein, Tonhalle-Orchester, unter der Leitung von Dr. Friedrich Hegar

TONHALLE

LOCATION: ZÜRICH
ARCHITECTS: FERDINAND FELLNER AND HERMANN HELMER (VIENNA)
CONSTRUCTED: 1893-1895
INAUGURATED: 19TH OCTOBER 1895
1ST INAUGURAL CONCERT: 20TH OCTOBER 1895

1.30 to 2.30 p.m., Pavillion, concert of light music
Band of the 6th Baden Infantry Regiment No. 114 Kaiser Friedrich conducted by Imperial Music Director Handloser
4 p.m., large hall, 1st concert

Triumphlied, Op. 55	*J. Brahms*
Symphony No. 9 in D minor, Op. 125	*L. v. Beethoven*

Emma Hiller (Soprano), Pauline Manifarges (Alto), Emmanuel Sandreuter (Tenor), Anton van Rooy (Baritone), Mixed Choir Zürich, Teachers' Choral Society, Tonhalle Orchestra conducted by Dr. Johannes Brahms and Dr. Friedrich Hegar

2ND INAUGURAL CONCERT: 21ST OCTOBER 1895

1.00 to 2.30 p.m., Pavillion, concert of light music Band of the 6th Baden Infantry Regiment No. 114 Kaiser Friedrich conducted by Music Director Handloser
4 p.m., large hall, 2nd concert

Symphony in E flat major, KV 543	*W. A. Mozart*
»Auf starkem Fittiche«, Aria from Die Schöpfung Hob. XXI: 2	*J. Haydn*
Concerto for Violin in D major, Op. 61	*L. v. Beethoven*
Nachtlied for Choir and Orchestra, Op. 108	*R. Schumann*
Ein Sommernachtstraum, Op. 21, MWV P 3	*F. Mendelssohn Bartholdy*
Immer leiser wird mein Schlummer, Op. 105, No. 2	*J. Brahms*
An die Musik, Op. 88, No. 4, D. 547	*F. Schubert*
Der Tod und das Mädcnen, Op. 7, No. 3, D. 531	*F. Schubert*
Ciacconna from Partita No. 2, BWV 1004	*J. S. Bach*
Schöne Wiege meiner Leiden, Op. 24, No. 5	*R. Schumann*
Die Mainacht, Op. 43, No. 2	*J. Brahms*
Aufenthalt, D. 957, No. 5	*F. Schubert*
Prelude to Die Meistersinger von Nürnberg	*R. Wagner*

Emma Hiller (Soprano), Pauline Manifarges (Alto), Anton van Rooy (Baritone), Joseph Joachim, Mixed Choir Zürich, Teachers' Choral Society, Tonhalle Orchestra conducted by Dr. Friedrich Hegar

Spanien

Palau de la Música Catalana

Ort: Barcelona
Architekt: Lluís Domènech i Montaner
Bauzeit: 1905-1908
Eröffnungskonzert: 9. Februar 1908

Nach Segnung durch den Bischof von Barcelona, Kardinal Casañas, und Festansprachen wurden die nachfolgend genannten Werke gespielt:

El Cant de la Senyera	Millet
Rapsodia	Gigout
Els Xiquets de Valls	Clavé
La mare de Déu	Nicolau
Pensament	Daniel
Alleluia	G. F. Händel
Els Segadors	

Palau de la Música Catalana

Location: Barcelona
Architect: Lluís Domènech i Montaner
Constructed: 1905-1908
Inaugural Concert: 9th February 1908

After a blessing by the Bishop of Barcelona, Cardinal Casañas, and ceremonial addresses, the following works were played:

El Cant de la Senyera	*Millet*
Rapsodia	*Gigout*
Els Xiquets de Valls	*Clavé*
La mare de Déu	*Nicolau*
Pensament	*Daniel*
Hallelujah	*G. F. Handel*
Els Segadors	

Palacio Euskalduna, Sala Principal

Ort: Bilbao
Architekten: Federico Soriano, Dolores Palacios
Bauzeit: 1994-1999
Eröffnungskonzert: 19. Februar 1999

Werke von Juan Crisóstomo de Arriaga, Jesús Guridi, José Maria Usandizaga, Richard Wagner und Maurice Ravel
Bilbao Orkestra Sinfonikoa unter der Leitung von Juanjo Mena
Asier Polo (Violoncello)

Palacio Euskalduna, Sala Principal

Location: Bilbao
Architects: Federico Soriano, Dolores Palacios
Constructed: 1994-1999
Inaugural Concert: 19th February 1999

Works by Juan Crisóstomo de Arriaga, Jesús Guridi, José Maria Usandizaga, Richard Wagner and Maurice Ravel
Bilbao Orkestra Sinfonikoa conducted by Juanjo Mena
Asier Polo (Violoncello)

Auditorio Nacional de Música, Sala Sinfónica

Ort: Madrid
Architekt: José María García de Paredes
Bauzeit: 1982-1988
Eröffnungskonzert: 21. Oktober 1988

Atlántida	Manuel de Falla, Ernesto Halffter

Orquesta y Coro Nacionales de España, Orfeòn Donostiarra, Escolanía de Nuestra Señora del Recuerdo, Coral Cármina unter der Leitung von Jesus López Cobos
Montserrat Caballé (Sopran), Teresa Berganza (Mezzosopran), Vicente Sardinero (Bariton)

Auditorio Nacional de Música, Sala Sinfónica

Location: Madrid
Architect: José María García de Paredes
Constructed: 1982-1988
Inaugural Concert: 21st October 1988

Atlántida	*Manuel de Falla, Ernesto Halffter*

Orquesta y Coro Nacionales de España, Orfeòn Donostiarra, Escolanía de Nuestra Señora del Recuerdo, Coral Cármina conducted by Jesus López Cobos
Montserrat Caballé (Soprano), Teresa Berganza (Mezzo soprano), Vicente Sardinero (Baritone)

PALACIO DE CONGRESOS, AUDITORIO »PRÍNCIPE FELIPE«

ORT: OVIEDO
ARCHITEKT: RAFAEL BECA

In das Gebäude wurden Teile eines Wasserreservoirs aus dem Jahr 1845 integriert.

ERÖFFNUNGSKONZERT: 29. APRIL 1999

»Asturias desde la distancia«, Ouvertüre (Auftragswerk anlässlich der Eröffnung)	Jorge Muñiz
Konzert für Violine Nr. 5 in A-Dur, KV 219	W. A. Mozart
Sinfonie Nr. 9 in d-Moll, op. 125	L. v. Beethoven

Orquesta Sinfónica del Principado de Asturias unter der Leitung von Maximiano Valdés

PALACIO DE CONGRESOS, AUDITORIO »PRÍNCIPE FELIPE«

LOCATION: OVIEDO
ARCHITECT: RAFAEL BECA

The architecture of the building integrates parts of a water tank built in 1845.

INAUGURAL CONCERT: 29TH APRIL 1999

»Asturias desde la distancia«, Overture (Work commissioned for the inauguration)	*Jorge Muñiz*
Concerto for Violin No. 5 in A major, KV 219	*W. A. Mozart*
Symphony No. 9 in D minor, Op. 125	*L. v. Beethoven*

Orquesta Sinfónica del Principado de Asturias conducted by Maximiano Valdés

KURSAAL

ORT: SAN SEBASTIÁN
ARCHITEKT: RAFAEL MONEO
ABSCHLUSS DER BAUARBEITEN: 1999
ERÖFFNUNGSKONZERT: 23. AUGUST 1999

Marcha de San Sebastián (Orq. Tomás Aragüés)	Raimundo Sarriegui
Aria de Mirentxu »Goizeko eguzki eder«	Jesús Guridi
Canciones Vascas, No. 8 »Amak ezkondu ninduen«	Jesús Arambarri
»Ume eder bat« (Orq. Tomás Aragüés)	José Maria Iparraguirre
Rapsodie espagnole	Maurice Ravel
Aria de Roméo et Juliette »Ah! Je veux vivre«	Charles Gounod
Pantomima de Las Golondrinas	José Maria Usandizaga
El Sueño de un Bailarín	Francisco Escudero, García de Goizueta
La Valse	Maurice Ravel

Ainhoa Arteta (Sopran), Euskadiko Orkestra Sinfonikoa unter der Leitung von Mario Venzago

KURSAAL

LOCATION: DONOSTIA-SAN SEBASTIÁN
ARCHITECT: RAFAEL MONEO
CONSTRUCTION COMPLETED: 1999
INAUGURAL CONCERT: 23RD AUGUST 1999

Marcha de San Sebastián (Orq. Tomás Aragüés)	*Raimundo Sarriegui*
Aria de Mirentxu »Goizeko eguzki eder«	*Jesús Guridi*
Canciones Vascas, No. 8 »Amak ezkondu ninduen«	*Jesús Arambarri*
»Ume eder bat« (Orq. Tomás Aragüés)	*José Maria Iparraguirre*
Rapsodie espagnole	*Maurice Ravel*
Aria from Roméo et Juliette »Ah! Je veux vivre«	*Charles Gounod*
Pantomime from Las Golondrinas	*José Maria Usandizaga*
El Sueño de un Bailarín	*Francisco Escudero, García de Goizueta*
La Valse	*Maurice Ravel*

Ainhoa Arteta (Soprano), Euskadiko Orkestra Sinfonikoa conducted by Mario Venzago

PALACIO DE FESTIVALES DE CANTABRIA

ORT: SANTANDER
ARCHITEKT: FRANCISCO JAVIER SÁENZ DE OIZA
ABSCHLUSS DER BAUARBEITEN: 1990
ERÖFFNUNGSKONZERT: 29. APRIL 1991

Joshua — G. F. Händel

The King's Consort unter der Leitung von Robert King

PALACIO DE FESTIVALES DE CANTABRIA

LOCATION: SANTANDER
ARCHITECT: FRANCISCO JAVIER SÁENZ DE OIZA
CONSTRUCTION COMPLETED: 1990
INAUGURAL CONCERT: 29TH APRIL 1991

Joshua — G. F. Handel

The King's Consort conducted by Robert King

AUDITORIO DE TENERIFE »ADÁN MARTÍN«

ORT: TENERIFFA, SANTA CRUZ
ARCHITEKT: SANTIAGO CALATRAVA VALLS
BAUZEIT: 1997-2003
ERÖFFNUNG: 26. SEPTEMBER 2003

In Anwesenheit von Königin Sofia und Kronprinz Felipe

Fanfarria Real — Krzysztof Penderecki

Unter der Leitung des Komponisten

AUDITORIO DE TENERIFE »ADÁN MARTÍN«

LOCATION: TENERIFE, SANTA CRUZ
ARCHITECT: SANTIAGO CALATRAVA VALLS
CONSTRUCTED: 1997-2003
INAUGURATED: 26TH SEPTEMBER 2003

In the presence of Queen Sofía and Crown Prince Felipe

Fanfarria Real — Krzysztof Penderecki

Conducted by the composer

PALAU DE LA MÚSICA DE VALÈNCIA, SALA JOSÉ ITURBI

ORT: VALÈNCIA
ARCHITEKT: JOSÉ MARÍA GARCÍA DE PAREDES
ABSCHLUSS DER BAUARBEITEN: 1987
ERÖFFNUNGSKONZERT: 25. APRIL 1987

Concierto de Aranjuez	Joaquín Rodrigo
Marcha burlesca	Manuel Palau
La vida breve	Manuel de Falla

Orquesta de València y el Coro Nacional de España

ARCHITEKT DER UMGESTALTUNG: EDUARDO DE MIGUEL
UMGESTALTUNG: 2002

PALAU DE LA MÚSICA DE VALÈNCIA, SALA JOSÉ ITURBI

LOCATION: VALÈNCIA
ARCHITECT: JOSÉ MARÍA GARCÍA DE PAREDES
CONSTRUCTION COMPLETED: 1987
INAUGURAL CONCERT: 25TH APRIL 1987

Concierto de Aranjuez	*Joaquín Rodrigo*
Marcha burlesca	*Manuel Palau*
La vida breve	*Manuel de Falla*

Orquesta de València and the Coro Nacional de España

ARCHITECT OF THE REDEVELOPMENT: EDUARDO DE MIGUEL
REDEVELOPMENT: 2002

PALACIO DE CONGRESOS, AUDITORIO DE ZARAGOZA, SALA MOZART

ORT: ZARAGOZA
ARCHITEKTEN: JOSÉ MANUEL PÉREZ LATORRE, BASILIO TOBÍAS
ERÖFFNUNGSKONZERT: 5. OKTOBER 1994

Cantos de Pleamar	A. García Abril
Sinfonie Nr. 9 in d-Moll, op. 125	L. v. Beethoven

Orquesta y Coro Nacionales de España

PALACIO DE CONGRESOS, AUDITORIO DE ZARAGOZA, SALA MOZART

LOCATION: ZARAGOZA
ARCHITECTS: JOSÉ MANUEL PÉREZ LATORRE, BASILIO TOBÍAS
INAUGURAL CONCERT: 5TH OCTOBER 1994

Cantos de Pleamar	*A. García Abril*
Symphony No. 9 in D minor, Op. 125	*L. v. Beethoven*

Orquesta y Coro Nacionales de España

TSCHECHISCHE REPUBLIK

OBECNÍ DŮM, SMETANOVA SÍŇ

ORT: PRAG
ARCHITEKTEN: OSVALD POLÍVKA, ANTONÍN BALŠÁNEK
BAUZEIT: 1905-1911
ERÖFFNUNGSKONZERT: 16. DEZEMBER 1911

Violinkonzert	Antonín Dvořák
Dumka	Josef Suk
Praga	Josef Suk
Ouvertüre zu Libuše	Bedřich Smetana
Fantasie aus Prodaná nevěsta	Bedřich Smetana

Tschechische Philharmonie unter der Leitung von Vilém Zemánek

RESTAURIERUNG: 1994-1997

OBECNÍ DŮM, SMETANOVA SÍŇ

LOCATION: PRAGUE
ARCHITECTS: OSVALD POLÍVKA, ANTONÍN BALŠÁNEK
CONSTRUCTED: 1905-1911
INAUGURAL CONCERT: 16TH DECEMBER 1911

Violin Concerto	*Antonín Dvořák*
Dumka	*Josef Suk*
Praga	*Josef Suk*
Overture to Libuše	*Bedřich Smetana*
Fantasia from Prodaná nevěsta	*Bedřich Smetana*

Czech Philharmonic Orchestra conducted by Vilém Zemánek

RESTORED: 1994-1997

RUDOLFINUM, DVOŘÁKOVA SÍŇ

ORT: PRAG
ARCHITEKTEN: JOSEF ZÍTEK, JOSEF SCHULZ
BAUZEIT: 1876-1884
ERÖFFNUNGSKONZERT: 7. FEBRUAR 1885

Slawische Rhapsodie Nr. 2	Antonín Dvořák
uvm.	

Ein Orchester unter der Leitung von Antonín Benewitz

RESTAURIERUNG: 1990-1992

RUDOLFINUM, DVOŘÁKOVA SÍŇ

LOCATION: PRAGUE
ARCHITECTS: JOSEF ZÍTEK, JOSEF SCHULZ
CONSTRUCTED: 1876-1884
INAUGURAL CONCERT: 7TH FEBRUARY 1885

Slavonic Rhapsody No. 2	*Antonín Dvořák*
and much more	

An orchestra conducted by Antonín Benewitz

RESTORED: 1990-1992

UNGARN

PESTI VIGADÓ

ORT: BUDAPEST
ARCHITEKT: FRIGYES FESZL
BAUZEIT: 1859-1865
ERÖFFNUNGSKONZERT: 15. AUGUST 1865

Szent Erzsébet legendája F. Liszt
(Uraufführung des Oratoriums)

Die Legende der Heiligen Elisabeth wurde in Ungarisch aufgeführt, unter der Leitung des Komponisten.

WIEDERERÖFFNUNG NACH BEHEBUNG VON KRIEGSSCHÄDEN: 1980
RENOVIERUNG: 2004-2006

Weitere Renovierung bis Frühjahr 2012

PESTI VIGADÓ

LOCATION: BUDAPEST
ARCHITECT: FRIGYES FESZL
CONSTRUCTED: 1859-1865
INAUGURAL CONCERT: 15TH AUGUST 1865

Szent Erzsébet legendája F. Liszt
(The first performance of the oratorio)

The Legend of St. Elizabeth was given in Hungarian, conducted by the composer.

REOPENED FOLLOWING REPAIR OF WAR DAMAGE: 1980
REFURBISHED: 2004-2006

Further refurbishment will be completed in the spring of 2012.

MŰVÉSZETEK PALOTÁJA, BARTÓK BÉLA NEMZETI HANGVERSENYTEREM

ORT: BUDAPEST
ARCHITEKTURBÜRO: ZOBOKI, DEMETER UND TÁRSAI ÉPÍTÉSZIRODA
BAUZEIT: 2002-2005
ERÖFFNUNG: 14. MÄRZ 2005

Himnusz	Ferenc Erkel
Ouvertüre Die Weihe des Hauses, op. 124	L. v. Beethoven
Konzert für Klavier und Orchester Nr. 2, A-Dur, S 125	F. Liszt
Drei Stücke für Orchester	Béla Bartók, Zoltán Kocsis
Psalmus Hungaricus, op. 13	Zoltán Kodály

Attila B. Kiss (Tenor), Dezső Ránki (Klavier)
Kinderchor des Ungarischen Rundfunks, Einstudierung Gabriella Thész
Nemzeti Énekkar, Einstudierung Antal Mátyás
Nemzeti Filharmonikus Zenekar unter der Leitung von Zoltán Kocsis

MŰVÉSZETEK PALOTÁJA, BARTÓK BÉLA NEMZETI HANGVERSENYTEREM

LOCATION: BUDAPEST
ARCHITECTS' OFFICE: ZOBOKI, DEMETER AND TÁRSAI ÉPÍTÉSZIRODA
CONSTRUCTED: 2002-2005
INAUGURATED: 14TH MARCH 2005

Himnusz	*Ferenc Erkel*
Overture Die Weihe des Hauses, Op. 124	*L. v. Beethoven*
Concerto for Piano and Orchestra No. 2 in A major, S 125	*F. Liszt*
Three Pieces for Orchestra	*Béla Bartók, Zoltán Kocsis*
Psalmus Hungaricus, Op. 13	*Zoltán Kodály*

Attila B. Kiss (Tenor), Dezső Ránki (Piano)
Hungarian Radio Children's Choir, chorus mistress Gabriella Thész
Nemzeti Énekkar, chorus master Antal Mátyás
Nemzeti Filharmonikus Zenekar conducted by Zoltán Kocsis

ALBERTI, Leon B.: L'architettura [De re aedificatoria]. Testo latino e traduzione a cura di Giovanni Orlandi, introduzione e note di Paolo Portoghesi. Bd. I: Libri I-V & Bd. II: Libri VI-X. Milano, 1966

AUHAGEN, Wolfgang; EBERLEIN, Roland; SCHRÖDER, Manfred B.; EILEMANN, Andreas: Akustik. In: FINSCHER, Ludwig (Hrsg.): Die Musik in Geschichte und Gegenwart. Allgemeine Enzyklopädie der Musik, begründet von Friedrich Blume. Bd. 1 (Sachteil, Aachen - Bogen). 2., neubearbeitete Ausgabe. Kassel, Stuttgart: Bärenreiter Verlag, J.-B.-Metzler Verlag, 1994, S. 366-421

BALFOORT, Dirk J.: Het muziekleven in Nederland in de 17de en 18de eeuw. Den Haag: Martinus Nijhoff's-Gravenhage, 1981

BARRON, Michael: Auditorium Acoustics and Architectural Design. London: E & FN Spon, 1993

BERANEK, Leo: Concert Halls and Opera Houses. Music, Acoustics, and Architecture. 2nd edition. Berlin, Heidelberg, New York: Springer Verlag, 2004

BERNSTEIN, David W.; HATCH, Christopher (Eds.): Writings through John Cage's Music, Poetry, and Art. Chicago: The University of Chicago Press, 2001

BURNEY, Charles: The Present State of Music in France and Italy. Or, The Journal of a Tour through those Countries, undertaken to collect Materials for A General History of Music. 2nd edition. London: T. Becket, J. Robson and G. Robinson, 1773

BURNEY, Charles: The Present State of Music in Germany, The Netherlands, and United Provinces. Or, The Journal of a Tour through those Countries, undertaken to collect Materials for A General History of Music. 2 volumes. 2nd edition, corrected. London: T. Becket, J. Robson and G. Robinson, 1775

DAMASKE, Peter: Acoustics and Hearing. Berlin, Heidelberg, New York: Springer Verlag, 2008

DE BENEDICTIS, Angela Ida: Scrittura e supporti nel Novecento: alcune riflessioni e un esempio (›Ausstrahlung‹ di Bruno Maderna). In: Borio, G. (Ed.): La scrittura come rappresentazione del pensiero musicale. Pisa 2004, 237-91

FORLANI, Maria C.: Musica e architettura. Note per la progettazione di spazio per lo spettacolo. Roma: Gangemi Editore, 1998

FORSYTH, Michael: Buildings for Music. The Architect, the Musician, and the Listener from the Seventeenth Century to Present Day. Cambridge, Massachusetts: MIT Press, 1985

GLOGAU, Hans-Ulrich: Der Konzertsaal. Zur Struktur alter und neuer Konzerthäuser. Hildesheim, Zürich, New York: Georg Olms Verlag, 1989

GOODMAN, Nelson: Languages of Art: An Approach to a Theory of Symbols. 2nd edition. Indianapolis: Hackett Publishing Company, 1976

GRANAU, Martin: Holms Vision. Radiosymfoniorkestret 75 år. Daumarks radio 2000

HEISTER, Hanns-Werner: Das Konzert. Theorie einer Kulturform. Band I und II. Wilhelmshaven, Locarno, Amsterdam: Heinrichshofen's Verlag, 1983

HEISTER, Hanns-Werner: Konzertwesen. In: FINSCHER, Ludwig (Hrsg.): Die Musik in Geschichte und Gegenwart. Allgemeine Enzyklopädie der Musik, begründet von Friedrich Blume. Bd. 5 (Sachteil, Kassel - Meiningen). 2., neubearbeitete Ausgabe. Kassel, Stuttgart: Bärenreiter Verlag, J.-B.-Metzler Verlag, 1996, S. 686-710

HOLBERTON, Paul: Palladio's Villas. Life in the Renaissance Countryside. London: John Murray Ltd., 1990

MACE, Thomas: Musick's Monument. A Facsimile of the 1676 London Edition. Broude Brothers, 1966

MORETTI, Laura: The Function and the Use of Musical Sources at the Paduan ›Court‹ of Alvise Cornaro in the First Half of the Cinquecento. In: Journal of the Alamire Foundation 1 (2010), S. 47-61

NAREDI-RAINER, Paul von: Architektur und Harmonie. Zahl, Maß und Proportion in der abendländischen Baukunst. 4., überarbeitete Auflage. Köln: DuMont Buchverlag, 1989

PALLADIO, Andrea; JONES, Inigo: Inigo Jones on Palladio. Volume I: being the notes by Inigo Jones in the copy of I Quattro libri dell architettura di Andrea Palladio, 1601, in the Library of Worcester College, Oxford. Newcastle Upon Tyn: Oriel Press, 1970

PALLADIO, Andrea; JONES, Inigo: Inigo Jones on Palladio. Volume II: Facsimile of the copy of I Quattro libri dell architettura by Andrea Palladio, 1601, which belonged to Inigo Jones. Newcastle Upon Tyn: Oriel Press, 1970

PEVSNER, Nikolaus: A History of Building Types. A. W. Mellon lectures in the fine arts. 5th edition. Princeton: Princeton University Press, 1997

POLLIO, Marcus V.: Vitruvii De architectura libri decem. Lateinisch und deutsch. Übersetzt und mit Anmerkungen versehen von Curt Fensterbusch. 6. Auflage. Darmstadt: Wissenschaftliche Buchgesellschaft, 2008

RAYNOR, Henry: A Social History of Music. Barrie & Jenkins, 1972

SCHERLIESS, Volker; FORCHERT, Arno: Konzert. In: FINSCHER, Ludwig (Hrsg.): Die Musik in Geschichte und Gegenwart. Allgemeine Enzyklopädie der Musik, begründet von Friedrich Blume. Bd. 5 (Sachteil, Kassel - Meiningen). 2., neubearbeitete Ausgabe. Kassel, Stuttgart: Bärenreiter Verlag, J.-B.-Metzler Verlag, 1996, S. 628-686

SERLIO, Sebastiano: Tutte l'opere d'architettura di Sebastiano Serlio Bolognese. Bd. I-VII. Venetia, 1584

STEINHAUSER, Ulrike: Musik und Architektur. In: FINSCHER, Ludwig (Hrsg.): Die Musik in Geschichte und Gegenwart. Allgemeine Enzyklopädie der Musik, begründet von Friedrich Blume. Bd. 6 (Sachteil, Meißen - Musique concrète). 2., neubearbeitete Ausgabe. Kassel, Stuttgart: Bärenreiter Verlag, J.-B.-Metzler Verlag, 1997, S. 729-745

SUVINI-HAND, Vivienne: L'antico oriente incontra l'avanguardia occidentale: Raffigurazioni del divino in Ausstrahlung di Bruno Maderna. In: Musica/Realtà, Vol. 76, 2005, 53-87

TATARKIEWICZ, Władysław: Geschichte der Ästhetik. Erster Band: Die Ästhetik der Antike. Basel, Stuttgart: Schwabe & Co AG Verlag, 1979

TATARKIEWICZ, Władysław: Geschichte der Ästhetik. Zweiter Band: Die Ästhetik des Mittelalters. Basel, Stuttgart: Schwabe & Co AG Verlag, 1980

TATARKIEWICZ, Władysław; SCHWEIZER, Hans R. (Hrsg.): Geschichte der Ästhetik. Dritter Band: Die Ästhetik der Neuzeit: von Petrarca bis Vico. Basel, Stuttgart: Schwabe & Co AG Verlag, 1987

TERHARDT, Ernst: Physiologische Aspekte des Hörens in Räumen. In: Räume zum Hören. Bd. 6. Köln: Rudolf Müller, 1989, S. 16-23

TREIB, Marc: Space Calculated in Seconds. Princeton: University Press, 1998

TRÖNDLE, Martin (Hrsg.): Das Konzert. Neue Aufführungskonzepte für eine klassische Form. 2., erweiterte Auflage. Bielefeld: transcript Verlag, 2011

WEBER, William: Music and the Middle Class. The Social Structure of Concert Life in London, Paris and Vienna between 1830 and 1848. 2nd edition. Aldershot: Ashgate Publishing Limited, 2004

WEINZIERL, S.; ROSENHEINRICH, H.; BLICKENSDORFF, J.; HORN, M.; LINDAU, A.: Die Akustik der Konzertsäle im Leipziger Gewandhaus. Geschichte, Rekonstruktion und Auralisation / Fachgebiet Audiokommunikation, TU Berlin. Berlin, 2010. – Forschungsbericht

WITTKOWER, Rudolf: Grundlagen der Architektur im Zeitalter des Humanismus. 2. Auflage. München: Deutscher Taschenbuch Verlag, 1990

WOLLHEIM, Richard: Art and its objects: with six supplementary essays. 2nd edition. Cambridge University Press, 1980

BELGIEN
Sophie Cocquyt
Annelien Mallems
Jasper Persoons
Veerle Soens
Eve Marie Vaes
Bart Verschaffel

DÄNEMARK
Mette J. Breslau
Peter Brun Larsen
Katja Elkjaer-Pedersen
Leif Lønsmann
Birgit Stöber
Rie Tornbak

DEUTSCHLAND
Bettina Ahrens
Christine Albrecht
Evelyn Bartetzko
Rainer Bayreuther
Julia Bernreuther
Helge Birkelbach
Anke Derfert
Rolf Dörge
Marcus Fein
Mario Fistler
Uwe Förster
Volker Friedrich
Robert Frowein
Michael Gericke
Eva Gerum
Susanne Graef
Günter Gramel
Nadin Eveline Hanzig
Norbert Hartmann
Anke Henseler
Bruno Heynen
Martin Hoffmann
Arndt Joosten
Antje Kaiser
Manfred Kanetzki
Katharina Kierig
Gerhard Klaiber
Rolf Klein
Volker Kletthofer
Claudio Lieberwirth
Katharina Linnemann
Burkhard Lübke
Silke Michel
Ines Mielke
Elfriede Müller
Tina Neubauer
Andreas Nonn
Fürst zu Oettingen-Spielberg'sche Domanialkanzlei
Hans-Peter Ohrenberg
Andrea Palent
Martina Pistorius
Wolfgang Prestele
Knut Radowsky
Gerd Rauland
Dagmar Rumpf
Horst Sander
Birgit Schaeffer
Manuela Schlünß
Susanne Schneider
Günther Schuldt
Dirk Steiner
Manfred Tepper
Elke Viefhues
Elena Wätjen
Stefan Weimer
Roland Wiedenmann

FINNLAND
Jukka Kaunisto
Juha Kuisma
Jenni Lahtinen
Julius Montonen
Johanna Saario
Marja-Leena Sovinen
Taneli Tuomaala

FRANKREICH
Odile Ballot
Chantal Barthelet
Frédérique Boutigny
Annick Daniel
Louis Debizet
Chantal et Jean-Marie Fournier
Michel Hitter
Béatrice Massin
Marie-Claire Mathieu
Michel Nuvolone
Olivier Rigaud
Costas Stamatakis
Bernard Tschumi
Adrien Vandenberghe
Clara Wagner
Clara Zaoui

GROSSBRITANNIEN
Michelle Anthony
Eric Barrington
Anne-Marie Barry
Tim Bates
Paula Best
Luci Bird
Proinnsias Byrne
Sean Carrigan
Jan Carson
Janice Crowe
Tracy Ellicott
Fiona Fraser
Victoria Fuller
Jayne Garrity
Sarah Langworthy
David Mayne
Anna McLaughlin
James O'Keefe
Jacqui Owens
Chris Pickett
Frank Richardson
Clair Snedden
Emily Taylor
Rebecca Tempest
Darius Weinberg
Paula Wilson
Katie Wright

IRLAND
Sinead Doyle
Caroline Feehily
Catharine Kirby
David Marcantonio
Rosita Wolfe

ISLAND
Anna Margrét Björnsson
Hrönn Ingólfsdóttir
Karitas Kjartansdottir

ITALIEN
Accademia Filarmonica Verona
Iole Adami
Maria Teresa Amedeo
Benedetta Andrigo
Loris Azzaroni
Catia Bianchi
Carlo Bruschi
Agata Brusegan
Marilena Castellaneta
Pio Comparato
Maria Teresa Fornari
Annalisa Gastaldello
Claudio Ghillani
Emilio Giorgio
Luigi Girati
Nicola Mansi
Federica Olivieri
Paola Ottavi
Irma Pagliari
Elisabetta Pancera
Franca Rabbi
Fondazione G. Rossini
Andrea Rubertelli
Antonio Russo
Romano Vettori

LUXEMBURG
Didier Goossens
Carlos Loureiro
Léon Marx

MONACO
Annick Daniel
Charlotte Lubert

NIEDERLANDE
Jurjen van de Beek
Anneke van Doorne
Joop van Doorne
Monique Griffioen
Hans Hierck
Jard van Nes
Sylvia van Raalte
Mark Roll

ÖSTERREICH
Florian Bayer
Judith Deak
Christian Exenberger
Maximilian Finster
Katharina Fritz
Nives Gamillscheg
Claudia Gologranc
Manuel Hahnbauer
Elke Hinterholzer
Nora Horvath
Erich Kollar
Daniela Landauer
Thomas Mittermayer
Monika Volk
Claudia Werner
Susanne Windholz

POLEN
Zbigniew Akonom
Wojciech Nowak
Jerzy Noworol
Anna Torebko

PORTUGAL
Sofia Covões
Isilda R. M. Leitao
Verónica Moreira
Rita Albuquerque Seabra

SCHWEDEN
Lotta Bjelkeborn
Johan Björkman
Peter Smith
Maria Stjernros
Karina Svensson
Urban Ward

SCHWEIZ
Daniel Berthoud
Martina Bieler
Didier Bron
Daniel Buchmüller
Ariane Carro
Elisabeth Dalucas
Christian Eigner
Katharine Jackson
Patricia Jentzen
Thomas Koeb
Christian Süss

SPANIEN
Gema Agudo Leguina
Kepa Bordegarai
Blanca Campos Torres
Josune Diez Etxezarreta
Laura Espert
Irene Lázaro Garcia
Antonio Marco
Vera Nuñez Araceli
Jose Maria Pons
Patricia Ruiz
Angeles Solis Sánchez
Gabriel Veiga

TSCHECHISCHE REPUBLIK
Karoline Grocholova
Pavel Linhart
Daniela Stokova

UNGARN
Lorenz Péter

SPECIAL THANKS TO:

Detlef Bluhm
Christian Döpke
Harald Eggebrecht
Isabelle Eichenberger-Bourgknecht
Pierre Eichenberger
Rainer Eisenbraun
Werner Fitzner
Michael Forster
Simone Forster
Eva Hamm
Petra Hanf
Eberhard Hinkel
Denise Jacquelin
Anita Kaegi
Florian Kiuntke
Hendrikje Knop
Sandrina Kreutschmann
Robert Lehmann
Pilar Lleo
Georg Meier
Laura Moretti
Marius Müller
Wolfgang Muth
Antonello Negri
Akkelies van Nes
Gianfranco Petriglieri
Hubert Schwarz
Àgnes Sipos
Roberta Sommariva
Wulf Weinmann
Stefan Weinzierl
Mâkhi Xenakis

Manfred Hamm

wurde 1944 in Cainsdorf bei Zwickau geboren. In den frühen Sechzigerjahren erhielt er in München und Ulm seine photographische Ausbildung. Er war zunächst in den Bereichen Werbung und Theater tätig. Nach einer mehrjährigen Weltreise ließ er sich Anfang der Siebzigerjahre in Berlin als Pressephotograph nieder. Seit 1976 dokumentieren zahlreiche Bildbände, Einzel- und Gruppenausstellungen sein künstlerisches Werk, das auch international in bekannten Sammlungen und Museen vertreten ist. Er ist berufenes Mitglied der Deutschen Gesellschaft für Photographie.

Michael Astroh

geb. 1954, studierte ab 1972 Philosophie, Germanistik und Romanistik an der Universität Bonn und der École Normale Supérieure in Paris. Ab 1974 war er freier Mitarbeiter der Neuen Zürcher Zeitung. 1982 wurde er am Hoger Instituut voor Wijsbegeerte der Universität Löwen promoviert. Nach einem mehrjährigen Forschungsaufenthalt am Wolfson College, Oxford, habilitierte er an der Universität des Saarlandes und erhielt eine Heisenberg-Dozentur. Seit 1995 lehrt Michael Astroh an der Ernst-Moritz-Arndt-Universität Greifswald als Professor für Philosophie. Seine Veröffentlichungen widmen sich einerseits Fragen der Literatur und Kunst, andererseits Problemen der Sprachphilosophie, der Logik und ihrer Geschichte.

Manfred Hamm

was born in 1944 in Cainsdorf near Zwickau (Saxony). He trained as a photographer in Munich and Ulm in the early 60s. His first professional fields were advertising and the theatre. After travelling around the world for several years, he settled in Berlin as a press photographer at the beginning of the 70s. From 1976, his artistic activity has been documented in numerous illustrated books as well as individual and group exhibitions. His work can also be seen in renowned collections and museums in many countries. He is an elected member of the German Photographic Association (Deutsche Gesellschaft für Photographie).

Michael Astroh

born 1954, studied Philosophy, German and Romance Languages at the University of Bonn and the École Normale Supérieure in Paris. From 1974 he wrote freelance for the Neue Zürcher Zeitung. In 1982 he gained his PhD from the Hoger Instituut voor Wijsbegeerte at the University of Leuven. After several years as a research fellow at Wolfson College, Oxford, he was awarded his »habilitation« (higher doctorate) by the University of the Saarland and was appointed to a Heisenberg lectureship. Since 1995 Michael Astroh has taught at the Ernst Moritz Arndt University of Greifswald as a Professor of Philosophy. His publications deal with, on the one hand, questions concerning literature and art, and on the other hand, problems of linguistic philosophy and of logic and its history.

Impressum

Herausgeber: m:con Edition
Rosengartenplatz 2
D-68161 Mannheim

Verantwortlich i. S. d. P.: Michel Maugé

Konzeption und Photographie: Manfred Hamm, Berlin
Texte: Prof. Dr. Michael Astroh, Greifswald
Gestaltung: Dieter Winzens, Berlin
Lektorat: Diethelm Kaiser, Berlin
Übersetzung: James Fanning, Greifswald
Lektorat der Übersetzung: Gareth Evans, Berlin
Gesamtherstellung: DruckConcept, Berlin
Litho: NovaConcept, Berlin
Druck: BenatzkyMünstermann Druck GmbH, Hannover
Buchbinderei: Buchbinderei S. R. Büge GmbH

ISBN: 978-3-9814220-0-9

Copyright